1859-1882

MARIE DE LA BOUILLERIE

RELIGIEUSE DE LA SOCIÉTÉ DU SACRÉ-COEUR

« Votre vie est cachée en Dieu avec Jésus-Christ. »

(Saint Paul aux Colossiens, III., 3.)

PARIS

J. MERSCH, IMPRIMEUR

91, RUE DENFERT-ROCHEREAU

1883

MARIE DE LA BOUILLERIE

CE n'est point ici proprement une biographie. Il y aurait trop peu à raconter dans ces vingt ans coulés à l'ombre de la famille et dans ces trois ans de vie religieuse terminés par quelques mois de cruelles douleurs.

Encore moins faisons-nous un panégyrique. Nous dirons simplement les choses, ne les qualifiant, ne les soulignant d'aucune sorte, et ceux qui connaissent Dieu apprécieront et goûteront par eux-mêmes sans que nous les avertissions d'admirer. Pareille réserve nous semble un hommage bien dû à la jeune fille modeste, à la religieuse vraiment humble qui ne se plaignit jamais que de n'être point assez cachée.

Que voudraient donc être ces pages? La peinture d'une âme qui, dès qu'elle eut pris conscience d'elle-même, aspira sans relâche à la perfection la plus solide et la plus haute. Dans le monde comme dans la vie religieuse, Marie de la Bouillerie a vécu de cette pensée, de cet effort. C'est le témoignage que lui rendent à l'envi les membres de ses deux familles. C'est par là du reste que sa mémoire a quelque droit de n'être pas oubliée; c'est par là qu'elle peut servir.

Et certes, encore bien que nous n'entendions point tirer une thèse de ces souvenirs, comment n'y point lire un fait, le grand fait du surnaturel, de la grâce toujours semblable à elle-même, aujourd'hui encore s'emparant des âmes d'élite et les poussant dans la même voie de sacrifice et d'humilité où elle poussait les vierges des premiers siècles? Qu'on le méconnaisse ou qu'on l'oublie : il reste vrai pour l'honneur de Dieu et de l'homme que la tendance à la sainteté n'est pas entièrement sortie de nos mœurs et que parmi les largeurs et les élégances de la haute vie contemporaine, Dieu travaille comme autrefois à former des âmes parfaites sur le modèle de Jésus-Christ crucifié.

Telle est la leçon qui peut rendre ce tableau utile, et il ne serait point fidèle si cette leçon n'en ressortait pas.

PREMIÈRES ANNÉES

« O mon divin Jésus, vous savez bien que
tout mon désir est d'arriver à vous aimer par
dessus toutes choses et à mettre votre amour
au commencement de toutes mes actions. »

« Je donnerai beaucoup de bonheur à mon
père et à ma mère. Je serai auprès d'eux comme
le rayon de soleil qui réjouit la nature. »

ARIE de la Bouillerie naquit le 25 août 1859 en la
fête de saint Louis. C'était au château de Thun,
près Meulan, à quelques lieues de ce baptistère de Poissy
où le saint Roi rattachait sa meilleure noblesse. L'enfant fut ondoyée par le curé de Meulan, et les cérémo-
nies du baptème lui furent supplées un peu plus tard par
son oncle Mgr de la Bouillerie, alors évêque de Carcas-
sonne. Elle eut pour parrain M. Gustave Delahante, son
aïeul maternel, et pour marraine sa grand-mère du côté
paternel, Madame la baronne de la Bouillerie.

A six mois, une fluxion de poitrine faillit l'emporter.
« Je n'oublierai jamais, dit une cousine de sa mère, la
beauté de cette petite enfant saisissant à deux mains son
berceau pour se soulever dans ses terribles quintes de
toux. » Et elle augurait bien de l'énergie future du
caractère. L'énergie vint en effet, mais tout d'abord vive
et impétueuse jusqu'à l'emportement. C'étaient des obs-
tinations, des refus formels de céder qui rendaient les
orages interminables. A trois ou quatre ans, durant

toute une saison d'été, chaque jour et sur la même
marche, l'enfant s'arrêta refusant de monter faire sa toilette du soir pour le dîner. Un jour même on ne trouva
plus d'autre ressource que de la mettre aux arrêts dans
une baignoire en la menaçant de laisser couler l'eau sur
elle. A la voir un peu plus tard, alerte, volontaire, im-
périeuse, grimpant partout et prétendant morigéner tout
le monde, comment soupçonner que, dès la première
idée de l'effort à exercer contre soi-même, elle attaque-
rait et vaincrait presque aussitôt cette nature vive jusqu'à
la colère? Aussi bien ceux qui en souffraient le plus
avouent que ses emportements respectaient toujours
certaines bornes et qu'ils ne lui aigrirent jamais le cœur.

Le surnaturel commença vite à tourner contre elle-
même cette force exubérante. Après les vivacités du
jour l'enfant était énergique à s'accuser quand venait la
prière du soir et l'examen de conscience qu'elle apprit
bientôt à faire avec l'assistance maternelle. La première
confession rendit le progrès plus rapide. A huit ans,
s'il y avait encore des orages, il y avait lutte, et quand
à la victoire définitive, on peut la rattacher à l'époque
de la première communion.

Cette époque fut quelque peu hâtée par une douloureuse circonstance. On était à l'automne de 1870. Les
Prussiens envahissaient l'ouest, ils menaçaient l'Anjou
et M. Joseph de la Bouillerie, père de l'enfant, habitait
depuis peu sa terre de la Roche-Hüe située dans l'arron-
dissement de Baugé, sur la paroisse de Cheviré le
Rouge. Le curé, M. l'abbé Ménard, un Vendéen de
vieille roche, était vite devenu l'intime ami de la famille.
Parmi tant d'appréhensions de toute nature, il s'inquiéta

de l'âme de Marie. « Qui sait, disait-il, ce qui peut arriver? Il faut qu'elle reçoive dans son cœur le Dieu des forts, » et il se chargea de l'y préparer par des instructions particulières. Pendant cinq ou six semaines, Marie se rendit au presbytère, et chaque jour, au dire d'un témoin, c'était un touchant spectacle que de voir le vieux prêtre, laissant là ses livres d'étude, accueillir en souriant sa petite élève. L'homme d'expérience et de vertu qu'on entendait parfois s'écrier avec un accent profond : « Que c'est beau, une âme! » semblait avoir aperçu celle de Marie dans ses yeux. Sobre d'éloges, on le sentait pourtant heureux de la mission qu'il avait lui-même sollicitée et pénétré pour sa fille spirituelle d'admiration et de respect. « Marie, dit-il un jour, n'est point un enfant ordinaire; elle est plus avancée en piété que ne le comporte son âge. Dans les choses de Dieu, rien ne l'étonne beaucoup; elle est chez elle. » Une autre fois il disait à Mme de la Bouillerie : « Je ne sais pas ce que le divin Maître fera de Marie. C'est une âme privilégiée et je serais étonné si vous la conserviez longtemps. » N'est-ce pas là comme un écho de la parole de Siméon à la très sainte Vierge? D'ailleurs le saint prêtre voyait juste et l'enfant était en bonnes mains.

Une rertaite de trois jours couronna la préparation, retraite non pas écoutée mais méditée, car on ne craignit pas d'inaugurer vite les meilleurs exercices de la piété chrétienne. La retraitante de onze ans, s'aidant d'une montre pour se garantir à elle-même sa ponctualité, travaillait loyalemeut à pénétrer les sujets dont sa mère lui donnait les points par écrit. Des notes courtes et simples fixaient ensuite ses impressions principales.

C'est ainsi que le premier jour, elle est frappée de ces paroles du prêtre : « Notre corps est un voile qui nous empêche de voir Dieu; » et que, méditant sur la mort elle écrit ces mots ou le tour et le sentiment au moins sont bien à elle : « Je serai obligée de quitter tous ceux que j'aime, et ma chère maman elle-même ne pourra m'empêcher de mourir. » Le lendemain elle s'émeut fort à la méditation du *cerf altéré*, puis la retraite s'achève par un élan de désir et de joie à la pensée du Bien-Aimé qui va venir.

Chose notable. Tandis que l'on préparait si bien l'âme de la première communiante, un détail était oublié de tous et d'elle-même : on n'avait pas songé à la toilette blanche d'usage, et il fallut l'improviser en quelques heures.

Le grand jour venu — c'était le 20 octobre 1870 — Marie fut calme, recueillie, sans apprêt, sans émotion apparente, dans cette union à Dieu toute simple et comme naturelle qui devait être par la suite le caractère propre de sa piété. Ce n'est pas que le mystère d'amour eût fait peu d'impression sur elle, sa mère lui demandant, le jour même, si elle avait été bienheureuse au moment où elle possédait Dieu. « Oh! oui, répondit-elle, il fait bon le recevoir, *l'avoir* en soi; mais il faudrait aussi le *voir*. » Et tel était le feu du regard, l'accent de la voix que la mère en fut frappée au cœur. Les paroles du vénérable curé lui revinrent sans doute à la mémoire : « Marie est une âme privilégiée; je serais étonné si vous la conserviez longtemps. »

A u reste Jésus-Christ, en venant pour la première fois en elle y alluma tout d'abord un goût vif de le recevoir à nouveau. C'est ce goût qu'avait souhaité à l'enfant le R. P. Herman, ce grand dévot à la sainte Eucharistie. « Vous n'ignorez pas, lui écrivait-il deux jours avant le 20 octobre, qu'avec la vivacité de la foi, la pureté et l'humilité du cœur, c'est surtout l'ardeur d'un immense désir que Jésus aime en nous. » Le vœu de l'illustre Carme se réalisa, et peu après, en voyant Marie unir à cette ardeur pieuse le calme d'une parfaite confiance, une personne bien capable d'en juger reconnaissait dans cette enfant toute jeune une nature forte et aimante à la fois. Ainsi d'ailleurs se trouvait justifié le prêtre qui après l'avoir introduite à la Table sainte, lui permettait d'y revenir très souvent pour son âge. « On s'en alarme, disait M. l'abbé Ménard ; mais c'est mon affaire. Marie n'est point une enfant comme une autre : vous verrez qu'elle ne restera pas dans le monde. »

Sans présager aussi nettement la vocation religieuse

de sa nièce, Mgr de la Bouillerie n'était pas moins em-
pressé à former en elle les pensées hautes et vigou-
reuses. Dès la première communion il lui avait écrit :
« Maintenant que Dieu a daigné habiter en toi, ne
dois-tu pas faire chaque jour de plus nombreux efforts
pour que cette habitation ne soit pas trop indigne ? »
Un an plus tard, le 19 octobre 1871, il lui donnait la
confirmation.

Ce jour-là, son langage fut singulièrement énergique.
Sur cette enfant accoutumée de bonne heure à l'abondance des grâces, il en appela trois de préférence : l'intelligence des œuvres de Dieu, la piété, la force, la force
par dessus tout. « Ah ! disait-il, si elle fut jamais nécessaire aux âmes chrétiennes, n'est-ce pas aux jours où
nous sommes ? L'orage qui gronde a déjà pu briser des
chènes ; il peut atteindre les plus délicates plantes de nos
champs. Qui trouvera la femme forte, dit le Sage ? Il faut
que l'Église la trouve aujourd'hui. »

Et s'abandonnant au charme d'exposer une fois de
plus la mission surnaturelle qu'il s'était donnée parmi les
siens, l'évêque ajoutait : « Vous le dirai-je ? bien que
mon ministère sacré m'appelle souvent à imposer mes
mains sur le front des fidèles, ce n'est jamais sans une
vive émotion que j'accomplis cette fonction sainte à
l'égard de ceux qui me touchent de si près. Du poste
élevé où m'a placé le Seigneur, je regarde attentivement
la famille à laquelle j'appartiens, et je considère comme
l'un de mes premiers devoirs, comme l'un des plus doux,
de maintenir en elle cette foi chrétienne, intelligente,
pieuse et forte que je vous recommande à vous-même.
Grâces soient rendues à Dieu ! Jusqu'à présent je n'ai

point à me plaindre. A cette époque néfaste où tant d'esprits s'égarent, où tant de caractères s'affaissent, où l'on ignore jusqu'à la notion du vrai et du juste, où de toutes parts on encense de sauvages et impures idoles ; il n'en est pas un parmi nous qui ait fléchi le genou devant Baal. Notre famille est un cénacle où l'Esprit-Saint est descendu avec une suprème abondance.

Donc aux nouveaux venus de continuer la tradition de courage chrétien. « Oui il faut que parmi nous il y ait toujours des hommes qui demeurent intrépidement fidèles à Dieu et à son Église... De même il faut encore à notre famille des femmes chrétiennes, des femmes intelligentes des choses de Dieu et qui soient à un moment donné la lumière du foyer domestique ; des femmes pieuses qui, par l'ardeur et la constance de leurs prières obtiennent de Dieu les grâces dont nous avons tous besoin ; mais surtout des femmes fortes qui résistent courageusement au mal, qui nous relèvent si nous faiblissons, et qui, pour panser nos blessures, sachent joindre à l'onction de la piété le vin de la force chrétienne et d'une énergique résignation.

« Chère enfant, soyez un jour l'une de ces femmes. Vous n'êtes encore qu'un bien jeune rameau ; mais ce rameau appartient à un arbre robuste. Nous aurons droit de lui demander plus tard des fleurs et des fruits, non ces fruits pui passent et que le ver dévore, mais les immortelles fleurs des vertus chrétiennes et les fruits qui mûrissent pour le ciel. »

On fut tout partirulièrement frappé de ces énergiques paroles et la mère de Marie disait en sortant : « Monseigneur veut donc faire d'elle une martyre et de moi une mère de douleurs! L'avenir devait répondre. Quant à la jeune fille, peut-être ne put-elle pas alors mesurer toute la portée des conseils reçus; mais à la lumière de Dieu elle les entendit assez pour y conformer sa vie, et l'on a pu dire que son enfance avait fini ce jour-là.

Ce fut d'ailleurs sans qu'elle perdit rien de son charme. Avant de la suivre dans le développement de sa vertu et de son caractère, nous pouvons, grâce à des souvenirs authentiques, la voir et l'entendre telle que la laissait ou plutôt que la faisait dès cette époque la grâce qui allait la pousser si vite et si haut. Un prêtre ami de la famille nous peint l'enfant merveilleusement égale à elle-même, jamais sombre ni soucieuse ou ennuyée, mais plutôt souriante et doucement grave, calme et suave dans la joie, dans la peine, au travail, au jeu, à la maison, au dehors, partout. « Je me souviens, dit-il, de la part qu'elle prenait aux bruyantes récréations de ses frères ou de ses cousines. Son rire était franc, sa gaieté pleine d'entrain et pourtant modérée. Il m'en est resté dans l'oreille une note que je n'ai plus entendue depuis : c'était frais, gracieux, vif, modeste, angélique. On dit qu'on voyait son âme dans ses traits; je l'ai entendue dans sa voix. »

On disait vrai du reste et, dès cet âge, le visage de Marie inspirait l'admiration toute grave et respectueuse que donne la transparence d'une âme privilégiée. Une personne qui ne la connaissait pas, rencontrant sa photographie parmi plusieurs autres, y revenait toujours sans pouvoir en détacher ses yeux. Comme on s'en étonnait : « Je l'admire, répondait-elle. C'est un type de candeur, c'est aérien. » Céleste eût été plus vrai, ou encore angélique, ce mot tant de fois profané jusqu'au ridicule, mais que des témoignages nombreux et graves s'accorderont à répéter comme rendant seul plus tard la physionomie de la jeune fille et dès lors celle de l'enfant.

Aussi bien la jeune fille se montre vite et la transition
serait difficile à marquer. Marie se développe de toutes
manières. Elle grandit en piété, en pénétration d'esprit,
en force d'âme. Elle étudie et bientôt enseigne. Elle
inspire le respect avec l'affection quand elle paraît dans
les réunions de sa nombreuse famille. Toutefois c'est
dans le cercle le plus intime qu'il faut la voir. Entourée
de trois frères dont un plus âgé, et d'une jeune sœur
dont elle deviendra la seconde mère, elle prend chaque
jour et sans la chercher une autorité douce mais irrésistible. Son père en vient de bonne heure à la vénérer
tout bas; mais surtout la grâce met entre elle et sa mère
une intimité que tous les témoins déclarent incomparable. Enfin l'appel de Dieu se fait entendre. Et voilà
toute la vie de Marie entre douze et vingt ans.

Mais sauf la vocation qui se manifeste à son heure, il
semble que, dans cette histoire de huit années, tout se
présente à la fois et tout se fasse d'un seul coup. Le
progrès est rapide, continu, mais simple d'allures, au

point de tromper l'œil et de prêter mal au récit. Dans les documents qui nous guident, après ces quelques souvenirs d'enfance, la jeune fille apparaît tout à coup formée, appliquée de toutes ses forces à la perfection et si heureuse dans ce continuel effort qu'il n'est ni possible de noter une vraie défaillance ni facile de marquer à coup sûr les accroissements de la vertu. Ici surtout et en attendant la vocation religieuse, nous avons moins à raconter une vie qu'à peindre une âme. Encore cette âme est-elle calme dans le travail intime et égale à elle-même dans le progrès jusqu'à sembler tout d'abord fixée et comme immobile en Dieu.

Sans vouloir être historien où les faits manquent, essayons de redire avec une exacte simplicité ce que fut Marie jeune fille : Toute notre tâche sera de grouper des témoignages qui abondent et où la tendresse n'a pas nui, nous le savons, au sérieux chrétien des jugements.

L E premier trait du tableau, celui qui doit éclairer
tous les autres, c'est la piété. Le surnaturel fait tout
dans cette simple vie ; la grâce y est le vrai modèle de
tous les actes, le premier nœud des intimités, la meilleure clef du caractère.

Nous l'avons vu : la piété, chez Marie, s'était éveillée
de fort bonne heure, favorisée par sa mère avec un empressement que Dieu justifia. Bientôt elle devint légendaire dans la famille. A Lathan, durant les grandes réunions annuelles que présidait et sanctifiait Mgr de la
Bouillerie, on s'attardait volontiers à la chapelle pour
voir Marie prier ; on se disait comme malgré soi : Re-
gardez-là, car c'était surtout devant l'autel qu'elle se
laissait bien apercevoir ou plutôt deviner elle-même. On
peut le croire cependant ; sa dévotion préférait entre
tout le modeste sanctuaire de la Roche-Hüe. Dans cette
terre transformée depuis, à quelque distance du premier
château dont le lierre égayait la vieille façade, une maison de jardinier était devenue la chapelle et le Saint-

Sacrement y résidait. Marie apprécia vite cette présence divine unie à tous ses plus chers souvenirs. Elle avait fait là sa première communion, elle y avait été confirmée. Plus tard elle s'écria : « Quand je pense à l'origine de ma vocation, c'est toujours la chapelle de la Roche-Hüe qui s'offre à moi en première ligne.... » Pour elle comme pour tous les siens du reste, Jésus-Christ présent fut le premier maître de la maison, et quand, par quelque circonstance, il venait à y manquer : « Comme il est difficile à remplacer! » disait-elle. Ceux qui l'ont vue devant Lui se la représentent avec ravissement, immobile sur son prie-Dieu, la tête penchée en avant, vraiment isolée du monde et perdant conscience des heures quand le devoir où la charité ne l'avertissaient pas de finir. C'était, disent-ils, la vraie et simple image de l'union à Dieu.

Marie fut bientôt de ceux qui ne s'ennuient jamais parce qu'ils savent Le trouver toujours et d'autant mieux que tous les bruits humains se taisent. Elle n'eut pas besoin de la distraction, elle avoua qu'elle la redoutait plutôt. « Vous savez que pour moi rien n'est comparable à la tranquillité, au calme et même à la monotonie. C'est ce qui rapproche le plus de Dieu et qui permet davantage de penser à Lui. » Les voyages l'effrayaient comme dangereux à cette union intime. Il fallait même un principe de foi et d'exemple pour lui faire goûter les actions les plus extérieures du culte, et un jour, après avoir suivi une procession elle écrit spirituellement : « Puisque le bon Dieu prenait la peine de sortir, c'était bien le moins de prendre celle d'aller lui faire cortège. Mais je n'ai pas la dévotion de ces cérémonies-là. Peut-être ai-je tort, mais il est si difficile de s'y recueillir!

Par contre, s'agissait-il de prolonger une séparation pénible, elle écrivait à sa mère : « Nous resterons ici tant que vous voudrez, Dieu est partout. » Les circonstances l'amenaient-elles à tenir presque seule compagnie à son aïeule octogénaire, elle protestait d'aimer le séjour de la Bouillerie « et ses journées qui se ressemblent, parce que du moins on y peut vivre un peu mieux avec le bon Dieu et c'est là le seul bonheur. »

Vivre avec Dieu lui était devenu comme un besoin de nature. Toute jeune encore elle avait appris de sa mère le sens et le goût de la présence divine et elle lui suggérait en retour de petites industries qu'elle avait inventées pour ne point perdre trop longtemps de vue ce grand objet. L'enfant mettait des graines de tilleul dans sa poche, et, chaque fois que sa main les y rencontrait, ce lui était un signal pour élever son cœur. Voilà ce que la piété lui inspirait dès l'âge de neuf ou dix ans, et ceux-là connaîtraient bien mal les choses de Dieu, qui seraient tentés d'en sourire.

On ne s'étonnera point dès lors que le recueillement lui soit devenu facile, trop facile même et trop peu méritoire à son gré quand les circonstances y prêtaient. Son idéal fut bientôt non plus d'y revenir de temps à autre, mais de n'en sortir jamais parmi ses occupations obligées. « Je voudrais, écrivait-elle, arriver à conserver le calme intérieur et l'union à Dieu tout en faisant ce que je dois faire. » Et elle s'y appliquait vaillamment : « Tout en tirant mon aiguille et en causant de la direction du vent ou de la foire de Sablé, je tâche de rester bien serrée sur le cœur du bon Jésus. » Parfois elle se plaint de n'y pas assez bien réussir. « La vie active n'est pas mon affaire, je suis trop imparfaite pour y rester calme et isolée. » Du moins l'effort ne cessait pas et, en ce point comme en tous les autres, la tendance à la perfection remplissait et animait la vie.

Rien de plus simple d'ailleurs que sa piété. Un religieux de ses parents qui la verra plusieurs fois au lit de mort en gardait cette impression dominante : « Elle était avec Notre-Seigneur, la sainte Vierge et les saints ce qu'on l'a connue avec son père, sa mère et sa famille : c'est tout dire. » Or, nous avons dans ces quelques mots le caractère propre et constant de ses relations avec Dieu. Simplicité, droiture délicate, nulle recherche de soi ; la consolation jamais appelée, rarement sentie, mais une fidélité entière à se tenir entre les bras du divin Maître, attentive à l'écouter, prompte et généreuse à le suivre : voilà sous quels traits sa vie intérieure nous est figurée par ceux qui ont droit d'y lire comme en un livre ouvert. Prière ou action, son attrait fut la conformité entière, l'union aimante au vouloir divin, en un mot l'abandon, forme exquise et pratique de l'humilité.

Abandon ; mot facile, doux, charmant, mais qui suppose pour être vrai l'abnégation totale et cette mort à soi-même, comble de la perfection et du courage. Marie y tendit sans relâche, et il semble que, au lieu d'en glaner çà et là des preuves, il vaille mieux, pour nous en convaincre, nous attacher à un épisode douloureux.

Au mois de juin 1878, Madame de la Bouillerie était à Poitiers auprès de son second fils qui achevait ses études. Partie pour l'aller voir et pour jouir d'une fête scolaire où il devait avoir son rôle, elle l'avait inopinément trouvé atteint d'une maladie grave. Marie restée à la Bouillerie en Anjou auprès de sa grand-mère, ressentit amèrement le contre-coup de cette cruelle surprise. Il lui fallut passer de longues semaines dans l'inquiétude, entre une sœur trop jeune pour la soutenir et une aïeule dont la sérénité imperturbable était un modèle quelque peu haut pour un cœur de dix-huit ans. Jamais Marie n'avait eu besoin de tant de force. La force ne lui manqua pas. Sa gaieté toujours égale épargnait l'inquiétude à sa jeune sœur, son calme donnait de l'espoir aux autres membres de la famille qui la visitèrent de temps à autre. Et comme de loin, sa mère la plaignait de ne trouver personne à qui dévoiler librement ses angoisses, elle répondait : « Soyez tranquille : je ne suis pas seule à porter cette croix. Mon bon Jésus est à côté de moi ; il m'aide quand je la trouve trop lourde et j'espère qu'il n'est pas trop mécontent. »

Elle ne présumait rien sans doute. Le Maître devait se complaire dans une âme qui s'abandonnait sans réserve, car ce fut là plus manifestement que jamais l'attrait de Marie et son recours. Sa mère lui écrivait en lui défendant l'inquiétude volontaire : « Tu souffriras, mais c'est ce que Notre-Seigneur veut de nous en ce moment. » Et deux jours plus tard : « Je t'ai traitée en femme forte ; j'espère que cela ne t'aura pas fait de mal et que je ne m'étais pas trompée. » La jeune fille entendait ce langage, dévorée d'inquiétude, mais en même temps assez généreuse pour se reprocher comme une faiblesse de hâter par quelques démarches des nouvelles qui, disait-elle, faisaient sa vie. Chose étrange! A la première annonce du mal et des angoisses qui s'annonçaient et de la séparation qui allait se faire longue, elle n'avait pu retenir un cri de joie; c'était la joie d'avoir à souffrir : « O chère petite mère! que le Bon Dieu est bon de nous mettre un peu sur la croix à côté de Lui, n'est-ce pas?... Quel bonheur d'avoir cela encore à offrir à notre bon Jésus! » D'ailleurs elle s'en remettait à Lui de tout et de la durée de l'épreuve et de l'issue même. Un jour, après avoir compati aux longues inquiétudes maternelles, elle ajoutait : « C'est tout à fait le cas de s'abandonner entièrement à la volonté du bon Maître et de lui demander une petite place sur la croix près de son cœur. Après cette prière, il me semble que je pourrais attendre jusqu'à la fin de l'année. » Une autre fois elle faisait cet aveu et posait à sa mère ce cas de conscience qui pourra tout d'abord sembler étrange : « Dites-moi si c'est mal. Depuis le commencement de cette longue et affreuse maladie, je n'ai jamais su me décider à prier pour la guérison d'Alphonse. Le bon Dieu sait bien mieux que nous ce qu'il lui faut et tout en lui disant mon inquiétude et ma tristesse, je n'ai jamais pu lui demander que l'accomplissement de sa volonté et pour nous la soumission la plus complète. C'est peut-être mal, car je crois qu'il n'est pas du tout défendu de demander la guérison de ceux qu'on aime. Mais que voulez-vous? c'est plus fort que moi. » Une mère chrétienne n'avait pas à blâmer cet abandon sans limites. Toutefois elle pouvait rappeler que Notre-Seigneur, au Jardin des Olives, a bien voulu donner un exemple moins désespérant pour la faiblesse et faire entendre avant l'acte de résignation suprême le cri de la nature : « Que ce calice passe loin de moi! » Madame de la Bouillerie parla dans ce sens, mais par ailleurs elle s'avouait fière de sa fille et elle en avait bien quelque droit.

Par amour pour l'abandon Marie se fût donc interdit jusqu'au désir et au choix personnel : « Je tâche de ne rien préférer. Quel est donc le saint qui ne disait jamais : « J'aimerais mieux ? » C'est une pratique qui me plaît beaucoup. » Plus tard lorsque son frère convalescent fut rentré à la Roche-Hüe elle-même écrivait de Paris où elle avait dû se rendre : « Soyons heureuses chacune de notre côté, vous dans votre chambre de malade et moi dans mes rues. Je suis beaucoup plus en l'air que je ne voudrais. J'espère ne faire que ce que le bon Dieu veut, mais je ne connais rien de plus pénible que de ne savoir ce qu'on doit choisir entre deux choses qui se présentent en même temps. » Ainsi eût-elle mis son bonheur à suivre partout l'intention de Dieu manifeste, et elle s'écriait : « Comme ils doivent être malheureux, les pauvres gens qui n'aiment pas la volonté du divin Maître par-dessus toutes choses ! »

Que si dans cette tendance à l'acquiescement parfait, à l'équilibre absolu, quelque préférence était capable d'incliner l'âme, c'était le goût de la souffrance. Osons l'avouer, quand les anxiétés finirent, tout en jouissant du bienfait avec une immense gratitude, Marie se prit à regretter en quelque sorte de n'être plus sur la croix. « J'étais si heureuse de souffrir. Je suis presque affligée que ce soit fini maintenant. Et cependant Dieu a été bien bon pour nous. Vous allez croire que c'est de l'exaltation ; mais je vous assure que cela n'en est pas du tout. » Non certes ce n'en était point, pas plus que de l'indifférence à la guérison d'un frère. Cette douleur aimée, regrettée presque, Marie en avait bien goûté l'amertume : « Sans le bon Dieu, écrivait-elle, je ne sais trop ce que je serais devenue toute seule ici, loin de maman et de mon cher malade. Mais avec l'Ami par excellence on n'est jamais seul ; c'est Lui qui aide à tout supporter. » Toute la correspondance de cette époque respire la raison la plus sereine comme la plus tendre sollicitude. Plus on connaîtra cette âme, plus on appréciera la solidité calme de la pensée comme la profondeur de ses affections de famille. Mais dût le monde en être surpris, il est bon de lui faire entendre quelle passion de souffrir éveillent chez les natures les plus délicates le souvenir et la vivante influence de Jésus-Christ crucifié.

Quelques mois plus tard, en décembre, il fallut recommencer l'épreuve. C'était cette fois la jeune sœur de Marie, son élève, presque sa fille, qui payait tribut à la typhoïde. Éloignée par prudence et de nouveau confinée à la Bouillerie, la jeune fille avouait son angoisse : « La perspective est un peu dure de repasser par toutes les inquiétudes et les alternatives que nous connaissons si bien : » Mais, disait-elle un autre jour, soyez tranquille, chère petite mère. Sur le cœur de Jésus on attendrait indéfiniment : on y est si bien, n'est-ce pas? Et comme nous avons tout remis dans la plaie de ce Cœur adorable, nous devons être très calmes et convaincus que tout ce qui arrivera en bien comme en mal sera ce qu'il y aura de mieux. »

Dans ces quelques mots on a, croyons-nous, les traits marquants de sa vie surnaturelle, sa piété qui allait droit et vite à la vertu, sa vertu qui se résumait volontiers dans l'abandon.

N'EST-il pas déjà bien superflu d'ajouter qu'un pareil abandon n'était point passivité, nonchaloir, inertie. Rien de plus actif au contraire et de plus militant. Nous sortirions de la réserve qui sied à cette religieuse mémoire si nous affirmions simplement que la jeune fille atteignit vite la perfection possible dans sa condition et à son âge; mais au moins faut-il redire qu'elle y aspira tous les jours et de toutes ses forces. Dans cette âme si doucement livrée à la volonté divine il importe de noter sur le vif le désir insatiable du plus parfait.

On entend sans peine qu'elle devait être en Marie la pureté de la conscience. Après sa mort, un religieux grave qui l'avait pénétrée jusqu'au fond osait bien demander à sa mère : « Croyez-vous que Marie ait jamais fait une faute vénielle délibérée? » Quant à elle-même, devenue religieuse, elle se rendait du moins cet humble témoignage : « J'espère n'avoir jamais commis un péché mortel. » Et toutefois, se jugeant surtout à la lumière des grâces reçues, elle s'écriait presque immédiatement à la suite :   « O mon Dieu, pardon! je ne me croyais pas si coupable envers vous. »

C'est qu'elle avait mis très haut son idéal de vie parfaite et qu'elle s'avertissait elle-même sans relâche d'y tendre avec plus de vigueur. Dans ses courtes notes spirituelles, dans les prières qu'elle compose à la suite de ses rédactions de catéchisme, dans les souvenirs de ses retraites, l'on respire partout l'ambition ardente, l'inquiétude généreuse du progrès. Les siens ne lui savaient qu'un défaut, une certaine lenteur de tempérament qui lui avait valu dans l'intimité le surnom de *petite vitesse*. Elle en riait aimablement la première, mais devant Dieu elle s'en reprenait et s'en gourmandait fort. C'était mollesse, paresse, et que d'autres défauts ne se donnait-elle pas!   « Je veux faire violence à ma paresse, à ma lenteur, à mon amour-propre, à mes pensées égoïstes, à mes mouvements d'impatience que j'ai tant de peine à retenir, à ma timidité qui vient de l'orgueil presque toujours... Je croyais être simple; mais maintenant je vois que non, puisque je me demande toujours quelle est l'impression des autres sur moi, puisque je ne sais jamais commencer une question qui me coûte. »

Ce réquisitoire contre elle-même date de 1874. La même année, à propos du 15ᵉ anniversaire de sa naissance, elle écrivait à une amie : « J'ai pris de nouvelles résolutions afin de faire quelques progrès. Je suis si effrayée de voir que, tous les ans, le 25 août me trouve à peu près dans le même état. »

Et pourtant jamais elle n'a cessé d'être attentive à sanctifier tous ses actes. Et de même qu'elle aimait à cueillir des fleurs pour l'autel domestique de la Roche-

Huë, ainsi veillait-elle à ne rien perdre des petites contrariétés courantes afin de les offrir à Dieu comme le
bouquet de chaque jour. Elle assurait à ce propos
qu'elle avait conscience de ne point devenir scrupuleuse : « Mais je fais si peu de chose pour le bon Dieu
que je voudrais tâcher de ne laisser perdre aucune occasion de rendre mes journées un peu moins vides. »
Quant à demeurer stationnaire, si elle le craignait quelque fois, par ailleurs elle y répugnait si fort qu'il y avait
lieu de lui faire entendre des leçons comme celle-ci :
« La mort à soi même est bien la vraie doctrine, pour
sèche qu'elle te paraisse, ma fille bien-aimée. Seulement
tu as tort d'y vouloir arriver tout d'une fois et tout d'une
pièce. Il y faut du temps, de la patience et un abandon
complet entre les mains de celui qui ne nous veut morts
à la nature que pour nous faire vivre surnaturellement
en Lui seul. Voilà bien seulement où nous trouverons
bonheur et paix, là haut, à la cime, par-dessus les
nuages et tout près du ciel. Mais je t'assure, ma bien-
aimée, que pour monter sûrement, il faut monter lentement, appuyée sur les deux bras de l'humilité et de
l'obéissance. » Marie acceptait mais non pas sans répondre : « Vous dites que le moyen de monter sûrement
c'est de monter lentement. Encore faut-il monter, et je
crains biens de rester toujours à la même place. Je voudrais tant arriver à ce parfait amour de Dieu qui ne sait
plus aimer que Lui ! » Un peu plus tard, durant un dernier séjour auprès de sa grand-mère, comparant au
cloître où elle aspirait, la demi-solitude de la Bouillerie,
elle écrira : « Si je pouvais donc sortir d'ici tellement
unie au bon Maître que tout le reste me laisse parfaite-

ment insensible et ne trouble même pas la surface ! »
Voilà bien, dans le monde même et dès la première
jeunesse, l'effort de toute sa vie.

Qu'on ne s'y méprenne donc pas. Ce goût de la perfection n'était point une forme de l'élévation naturelle de
l'âme et comme une distinction de plus dans le caractère. Marie ne se voulait point parfaite pour elle-même
et par je ne sais quel sentiment raffiné de dignité, d'aris-
tocratie morale ; elle entendait l'être à la manière humble
et vraie des saints, à la seule manière possible, pour l'a-
mour et par l'amour de Jésus-Christ. Croître dans cet
amour était tout pour elle. La plupart de ses notes spirituelles vont là. « O mon Dieu, vous savez combien
peu j'ai de courage pour prendre sur moi... Et cependant il me semble que je vous aime par dessus tout.
Mais je veux encore vous aimer davantage ; je veux faire
tous les jours un pas dans votre amour... » C'est sa
prière de prédilection répétée sans relâche, avec une
simplicité qui montre l'âme, et tout ensemble avec une
abondante variété de forme où se traduit l'ardeur inces-
sante du désir : « O mon divin Jésus, vous savez bien
que tout mon désir est d'arriver à vous aimer par dessus
toutes choses et à mettre votre amour au commencement de toutes mes actions...

« O Jésus, vous savez bien que je voudrais arriver à
faire toutes mes actions par amour pour vous ; mais je
suis si faible à moi toute seule que je n'y parviendrai
jamais...

« O divin enfant, mon doux Jésus, mon frère, c'est
vous qui reposez dans cette pauvre étable à cause de
mes péchés. Venez donc aussi dans mon cœur, afin que

mes pensées et mes actions soient toutes pour vous. Je voudrais que l'amour fût le fondement, l'unique mobile de toute ma vie, de même qu'il a été votre unique consolation durant les jours de votre vie mortelle. Mais que mon amour est faible et misérable à côté du vôtre! Aussi est-ce à vous, mon petit frère, que je viens m'adresser pour m'aider à aimer davantage... »

Souvent elle se tourne pour l'obtenir vers la très sainte Vierge, sa patronne, mais avec quelle grâce et quelle ardeur! « Qui m'enseignera comment aimer, si ce n'est vous, ô ma Mère?... O Marie, ma bonne Mère et ma sainte patronne, aidez-moi à aimer Jésus-Christ, votre divin Fils, autant qu'il veut être aimé ou du moins autant que je le pourrai malgré ma faiblesse... »

Nul doute que les mêmes élans ne se retrouvent dans le cœur et sous la plume de bien des jeunes filles pieuses. Mais ce qui est moins commun peut-être, c'est l'énergie courageuse à embrasser toutes les conséquences pratiques. Marie les appelait sans hésitation ni réserve. Ce qu'elle demandait ainsi à tout le ciel, ce n'était point la douceur et la gloire d'aimer. Résolue de parvenir au terme elle acceptait loyalement les âpretés de la route; voulant la fin, elle implorait sans peur les vrais moyens:

« O ma bonne Mère, écrivait-elle, je vous en supplie, aidez-moi à aimer l'humilité et les humiliations que j'aime si peu. »

Et après avoir fait la même demande à Notre-Seigneur en personne : « Alors, ô mon Jésus, je parviendrai peut-être à vous aimer un peu plus en m'aimant moi-même un peu moins. »

D ANS cette esquisse d'une âme continuellement appliquée à se rendre parfaite, il fallait, ce semble,
commencer par les traits les plus intimes, par les éléments surnaturels qui expliquent tout comme ils font
tout. Il reste de les voir s'exprimer et transparaître. La
piété vraie, l'abandon simple à Dieu, l'amour de Jésus-
Christ, mais l'amour profond, progressif et conséquent
avec lui-même, tout ce qui ressort des confidences de la
jeune fille et du témoignage des siens, ne devait-il pas
animer, illuminer, pour ainsi dire l'attitude ordinaire et
la conduite de sa vie ?

Dans une famille nombreuse où, grâce à Dieu, les
vraies vertus ne sont inconnues à personne, tous ont
cherché laquelle pourrait à meilleur titre caractériser
Marie. Plusieurs s'avouent embarrassés : « Je ne pensais
pas à admirer une qualité plus qu'une autre, dit gracieu-
sement une de ses plus jeunes cousines. — C'était, dit
l'aîné de ses frères, un ensemble délicieux sans qu'un
détail y parût plus saillant... Le lendemain ressemblait

à la veille : ils étaient l'un comme l'autre marqués du sceau de Dieu. Du reste ce qui embarrasse l'éloge est ici bien loin de l'amoindrir. Tous ont reconnu en Marie une égalité de conduite et d'humeur vraiment singulière dans son agrément et dans sa constance : on entendra sans peine que cette qualité rare suppose plus d'une vertu.

Mais s'ils viennent à y regarder de plus près, les témoins s'accordent quant au principal, en se partageant d'ailleurs sur quelques nuances. A leurs yeux, le trait dominant a dû être la simplicité, résultant, fleurissant pour ainsi dire de l'abnégation, de l'humilité véritable. « Simplicité ravissante, divinement belle, » écrit un des frères de Marie ; simplicité qui détournait l'admiration, l'attention même, sauf à les ramener plus vives et plus charmées à la réflexion et comme en retour. « Il me semblait tout naturel de la voir vivre ainsi, » avoue sa plus jeune sœur. D'après l'une de ses maîtresses, « ses actions étaient toutes faites pour la gloire de Dieu, mais si simplement et si modestement qu'on ne songeait même pas à l'admirer. »

« Je veux, écrivait un jour Marie, que toute mon attitude prouve la sincérité de mes paroles et de mon âme, » et fidèle à cette résolution, elle fut en toutes ses démarches droite, franche, naturelle et on ne la vit jamais que ce qu'elle était réellement. A quoi bon se composer quand on vit comme elle sans prétention ni ambition d'aucune sorte ?

On comprend d'ailleurs qu'une intention aussi droite et désintéressée entretienne et développe la rectitude naturelle de l'esprit. Marie ne semble pas avoir eu de naissance un tempérament d'artiste; son imagination était sobre, et dans ses rares écrits on chercherait vainement une page à effet, peut-être même n'en trouverait-on pas une que l'on pût appeler brillante. Mais Dieu lui avait donné un sens droit et rapide qui allait au vrai comme d'instinct. Une personne qui eut part à son éducation nous la peint raisonnable dès l'âge de douze ans, mais dans une mesure exceptionnelle et au meilleur sens du mot, jugeant toutes choses avec un sérieux et une netteté rares, en vue de la gloire de Dieu et du profit possible pour le ciel. Plus tard son père en fit souvent l'épreuve, et, même en des points qui semblaient passer la compétence d'une jeune fille, il avait la satisfaction de la voir toucher juste. Toute jeune encore elle parut avoir reçu le don de conseil, et plus d'une fois, après des conversations de famille que les événements rendaient, malgré qu'on en eût, inquiètes et douloureuses, on l'entendit avec ravissement résumer tout en quelques mots pleins de sens et d'espoir. En ferons-nous honneur à la seule rectitude naturelle? Nous aimons mieux l'attribuer pour une large part aux lumières supérieures que donne l'esprit de foi sans mélange appréciable d'amour-propre et volontiers nous souscrivons à ce remarquable jugement d'une de ses tantes : « Ne sachant rien de la vie, Marie y marchait en assurance, la devinant par ce qu'elle savait de Dieu ; et tout lui était simple parce qu'elle ne mettait sa personnalité nulle part. »

La même abnégation l'élevait au dessus de l'inquiétude. Elle eut des peines et nous savons comment elle en entendait l'usage, mais à proprement parler elle n'avait point de soucis, ayant remis tout et elle-même à la volonté divine. Que si elle connut la préoccupation, ce fut un mystère entre elle et Dieu, et les siens avouent n'en avoir jamais saisi la trace. Naturellement gaie, elle ne contraignait point en cela sa nature ; il lui suffisait de la posséder. C'était un charme et parfois comme une surprise aimable d'entendre ce rire frais et franc, naturel et modeste par où elle rappelait sa présence que l'on eût presque oubliée par moments, tant elle songeait peu à se mettre en scène. Les ridicules la frappaient vite et elle se reprochait fort « un certain esprit de raillerie, » alors que les témoins sont unanimes à louer plutôt les délicatesses de sa charité.

On l'a dit, tout lui était simple ; mais nous savons du reste que tout ne lui était pas facile. Cet équilibre aimable, cette égalité constante était une conquête de la foi et de l'humilité chrétienne sur un tempérament dont les premières fougues nous sont connues. L'enfant capricieuse et colère avait travaillé vite à se faire obéissante et elle y avait réussi dans un haut degré. Avant de connaître par expérience l'obéissance religieuse, elle en eut l'intelligence, le goût, on pourrait dire la passion. Elle la pratiqua et la rechercha en tout comme une fervente novice, évitant dans la mesure du possible de faire un pas qui ne fût commandé ou sanctionné. Sa correspondance le prouve à chaque page : « Comme c'est commode de n'avoir qu'à obéir ! » écrit-elle ; et après une absence de sa mère : « Je vais offrir à Dieu la joie que j'aurai d'être à côté de vous et de rentrer sous vos ordres... L'obéissance est si douce et si facile !... Au moins quand vous serez là, vous me dirigerez : je n'aurai qu'à obéir. » Qu'on n'imagine pas du reste une mollesse de volonté,

une nonchalance de nature aimant à se laisser conduire
pour n'avoir pas à prendre parti. La jeune fille affamée
d'obéissance avait par ailleurs en partage un don rare
d'autorité. Sa raideur native s'était transformée en une
fermeté douce mais inébranlable et sa réserve modeste
n'allait point jusqu'à la paralyser en présence d'un service à rendre ou d'un devoir à accomplir. Tandis que la
solidité de son esprit inspirait la confiance et que sa
vertu commandait le respect, il y avait dans toute sa
personne restée petite et frêle un mélange de modestie
et de décision qui rendait son ascendant irrésistible.
Quand elle en avait mission, cette jeune fille à l'air enfant
savait avertir, ordonner, reprendre. On obéissait et on
la vénérait. Ainsi offrait-elle aux yeux deux signes carac-
téristiques de l'humilité véritable, assez libre d'amour-
propre pour aimer à dépendre, et tout ensemble assez
détachée d'elle-même pour ne fléchir jamais devant la
crainte de déplaire quand son devoir était de commander.

En somme avec toute la mesure et la gravité d'une
déposition faite à l'honneur de Dieu même, les plus
intimes de ses proches déclarent avoir vu en elle « ce que
peuvent être sous leurs traits les plus gracieux les grandes
vertus d'humilité, de douceur, de fermeté, de patience,
de sacrifice, » et ils se tiennent honorés d'avoir reçu de
la Providence un dépôt que d'ailleurs « Elle a voulu leur
reprendre en deux fois comme pour marquer l'estime
qu'elle daignait en faire. » C'est le dernier mot du témoignage paternel.

Nous avons déjà commencé de voir ce que fut Marie pour les siens. Il nous faut y insister quelque peu. Trop souvent même dans la famille chrétienne, la perfection, la tendance à la sainteté fait peur. On se prend à la redouter, presque à la jalouser comme une rivale des affections naturelles. Au moins est-elle suspecte de leur ôter quelque chose et d'étrécir l'âme en l'élevant. Marie demeure après mille autres une preuve manifeste du contraire. Sans doute l'intérêt de sa perfection exige d'elle le renoncement aux joies de la famille; mais cette vocation privilégiée ne change rien à son cœur. Et la raison en est simple et belle. La grâce même qui commande le sacrifice avait été la meilleure force et la meilleure sauvegarde des tendresses légitimes. Moins éprise de perfection, Marie n'eût peut-être pas quitté ses proches, mais il ressort de toute sa vie qu'elle leur eût été une fille moins profondément soumise, moins tendrement unie, une sœur de moindre dé -

vouement, de moindre exemple, de moindre influence. Ils ont dû à son continuel effort de sainteté le bénéfice d'un ascendant que tous proclament, mais encore le charme d'une tendresse, d'une union d'âmes où les plus intimes relations de famille n'atteignent pas toujours. Ainsi la grâce avait-elle d'avance compensé ce que d'ailleurs elle ne leur a ôté que pour le rendre. Cette fois encore le surnaturel apparaît bien sous son vrai jour et dans son vrai rôle, conservant et embellissant les affections de la nature par la même force qui les élève au-dessus d'elles et quelquefois jusqu'à paraître les immoler.

Marie aimait tout de la famille, la demeure d'abord, mais surtout la campagne, la Roche-Hüe avec sa vieille maison tapissée de lierre et la petite chapelle où lui étaient venues tant de grâces. Quand elle quittera le monde, le départ de la Roche-Hüe sera, nous le verrons, un des moments les plus durs.

Elle aimait dignement et cordialement les serviteurs, ceux-là surtout à qui la piété faisait avec leurs maîtres une véritable parenté d'âme. Elle les déchargeait volontiers en se chargeant elle-même. En retour ils la vénéraient. Lors de sa dernière maladie ils ne pouvaient écouter sans larmes le récit de ses souffrances : « Faut-il qu'elle ait tant de mal, disaient-ils naïvement, elle qui est si bonne ! » Une personne de service entre autres en écrivait volontiers des nouvelles à ses parents, et ces braves gens de répondre : « Parle-nous encore de ta demoiselle : cela nous fait du bien et nous apprend à souffrir. »

Et puis Marie trouvait autour d'elle comme deux familles, la grande d'abord, la parenté immédiate fort nombreuse, mais unie d'une union sans exemple, autour de Monseigneur de la Bouillerie qui en était l'àme et de deux nobles femmes disparues à un an de distance, Madame la baronne douairière de la Bouillerie (1) et Madame la comtesse Henri de la Bouillerie, sa fille (2), châtelaine de Lathan, de cette vaste et chère maison où se tenaient chaque année les réunions plénières. Là, dans ce monde joyeux et aimé d'oncles, de tantes, de cousins et de cousines, la beauté morale et surnaturelle de Marie rayonnait doucement et lui faisait comme une auréole acceptée et chérie de tous. On la considérait, a dit quelqu'un, comme un ange dont l'intimité porte bonheur. Pour elle, tout en préférant le calme relatif et l'intimité encore plus absolue du toit paternel, elle ne se prêtait pas seulement à l'entretien de la joie commune,

(1) Morte le 26 février 1882.

(2) Morte le 13 avril 1883. — Madame la comtesse Henri de la Bouillerie, née de la Bouillerie, a contribué aussi largement que personne à l'incomparable union de la famille. Châtelaine de Lathan et par cela même présidant de droit aux grandes réunions annuelles, elle n'y mettait pas seulement le cœur, la grâce et le tact qui font l'hospitalité charmante, mais de concert avec l'archevêque, son beau-frère, elle y maintenait le caractère exceptionnel de cordialité chrétienne, leur meilleur agrément et leur plus haute valeur. Son àme admirablement limpide et dévouée s'ouvrait avec simplicité et courait au devoir avec passion. Mère et aïeule aussi discrète qu'aimante, elle est morte dans l'exercice même de cette providence maternelle dont rien ne pouvait la faire se départir. Elle revenait de Goritz et de Rome et se trouvait à Montpellier pour assister aux couches d'une de ses filles. Mourante, elle donnait à son mari comme lieu de rendez-vous la sainte Table en attendant le ciel.

elle s'y dépensait avec une abnégation parfaite, sacrifiant dans une juste mais large mesure ses goûts d'effacement, de silence et même de prière. Après l'avoir dépeinte agenouillée dans la chapelle de Lathan, une de ses cousines ajoute : « Je ne puis entrer dans cette sombre chapelle sans voir encore Marie faire simplement une pieuse génuflexion, puis sortir d'un pas léger et ferme et sans tenir compte de son attrait personnel, venir d'un air souriant prendre sa place au piano ou tenir le bâton de chef d'orchestre... Nous la revoyons tour à tour à la chapelle, tout abîmée en Dieu ; dans le salon, animant et dirigeant du geste et du regard la voix hésitante de nos jeunes artistes, ou bien mise en selle, souriante et légère, par l'un de ses frères et partant avec lui pour une bonne chevauchée. » Un autre jour elle se laisse gaiement coiffer et costumer pour un rôle de comédie, heureuse d'amuser les autres et de leur laisser croire qu'elle s'amuse beaucoup elle-même quand on savait pourtant qu'elle eut préféré se tenir personnellement à l'écart. C'était donc là comme ailleurs l'abnégation simple et joyeuse, fleur de la vraie humilité.

Si à Lathan Marie devait vaincre son attrait pour la vie retirée et uniforme, en revanche à la Bouillerie, auprès de sa grand-mère paternelle, elle trouvait à le satisfaire et même surabondamment. Il lui arriva d'y passer en tête-à-tête avec l'aïeule octogénaire des heures que d'autres eussent trouvées longues. Elle même avouait agréablement qu'elle priait parfois son bon ange de lui souffler des paroles. « Mais, concluait-elle, je ne m'ennuie pas avec bonne-maman : elle a toujours quelque chose à me raconter et puis elle aime tant le bon Dieu !

Nous le savions déjà, la piété trouvait son compte à ces journées d'une monotonie quelque peu sévère. Il y avait aussi les distractions de la charité. Ainsi pendant deux semaines d'hiver, voulut-elle absolument faire chaque jour à travers la neige un trajet de 3 kilomètres pour aller distraire une parente malade. Le sacrifice tout aimable et gracieux restait partout la forme privilégiée de sa vertu. Donner du bonheur aux autres c'était en trouver assez pour elle-même.

Mais ce bonheur, elle aimait à le répandre encore plus près d'elle, sur ses trois frères, sur sa jeune sœur. Elle tenait par dessus tout à le mettre au cœur de son père et de sa mère, et volontiers, nous le croirions, ils auraient oublié auprès d'elle cette loi de nature qui veut que l'amour ne remonte pas. C'est bien en effet dans le cercle de la famille immédiate que ce cœur si bien ordonné se livrait simplement et sans réserve. Riche pour tous, il se prodiguait là, façonné par la grâce même à suivre sans effort la hiérarchie des devoirs et l'ordre de la nature.

Combien Marie aimait ce cercle intime, on le sent à sa douleur quand viennent les séparations inévitables. « La vie tout entière, écrit-elle, se passe à se quitter. Il faut bien s'y habituer. Si l'on n'avait pas le bon Dieu avec soi, je crois que ce serait impossible ; mais Lui reste toujours comme trait d'union entre les cœurs qui s'aiment. » Il est donc vrai, par un bienfait de sa piété supérieure, les séparations ne la séparaient qu'à demi. Un jour, éloignée seule de tous les siens, elle leur envoyait ce mot d'une vérité gracieuse : « Je vis à côté du bon Maître et au milieu de vous tous. » Mais cette présence des absents, élevée par l'amour de Dieu jusqu'à la hauteur d'une réalité sainte, embellit les regrets sans les détruire. Marie l'éprouve et l'avoue. Par exemple, elle sait, quand finissent les vacances, consoler ses frères de la nécessité de partir ; mais elle ne calme leurs tristesses qu'à force de prendre sur les siennes. Quand Dieu l'appellera à la vie religieuse, elle n'aura pas proprement à quitter le monde, — le monde lui est un étranger ; elle devra quitter sa famille ; ce sera là tout le sacrifice et nous verrons s'il doit être senti.

Ses qualités d'esprit et de cœur étaient pour lui donner sur ses frères un singulier ascendant. Ils s'y prêtaient d'ailleurs, et, trop heureux de tomber sous le charme ils s'habituèrent vite à la considérer comme une représentation vivante de leur mère. Toute jeune, elle leur disait : « Maman ne sera pas contente si nous faisons ceci, si nous allons là. » Passant par sa bouche, l'observation prenait force de loi. À mesure qu'ils grandirent avec elle, sa solidité lui gagnait leur respect et leur confiance. Mais la tendresse demeura, au point qu'ils ne pouvaient lui voir la moindre peine sans en être attendris jusqu'aux larmes. Jeunes hommes, ils se reconnaissaient très largement redevables à sa droiture d'esprit, à ce sens juste et fin de nature, mais encore si bien épuré, si bien affiné par les vues habituelles de la foi.

Marie n'avait guère que treize ans quand à la suite d'une chute violente le plus jeune fut atteint d'une maladie douloureuse et qui pouvait être fatale. Lui-même nous la montre doucement empressée auprès de son lit ou de son fauteuil, courant la première aux nouvelles pour se réjouir ou compatir avant tous les autres, jouant avec le petit malade ou lui faisant la lecture et saisie

d'une tristesse touchante quand la douleur venait à re-
doubler. Après plusieurs mois d'angoisse, on recourut
à l'espérance d'un miracle et l'on donna pour ainsi dire
rendez-vous à la toute puissance divine pour la fête du
Sacré-Cœur. Ce jour-là Pierre de la Bouillerie devait
faire sa première communion dans l'église de la rue de
Sèvres, aujourd'hui fermée, sur le tombeau des Jésuites
martyrisés avec d'autres par la Commune de 1871. Marie
s'employa de toutes ses forces à préparer le malade au
grand acte et tout ensemble à fortifier sa confiance. Dieu
daigna y souscrire : le miracle vint à l'heure dite avec la
première visite de Notre-Seigneur. Marie s'en tint obligée à Dieu et aux intercesseurs invoqués autant au
moins que si elle eût été guérie elle-même, et, dans la
suite, elle veillait à ne pas laisser languir la reconnais-
sance dans l'âme du miraculé.

L'histoire de sa vocation et de sa vie religieuse achè-
vera de nous faire voir ses relations avec ses frères.
Auprès de sa jeune sœur Marthe il était naturel que son
rôle marquât mieux encore. Plus âgée de sept ans, elle
ne tarda pas à prendre sous la direction de sa mère une
large part à cette éducation. L'enfant reçut d'elle seule
les premières leçons de lecture, d'écriture, de piano;
puis la tâche s'élargit avec les années, et Marie, fort
jeune encore, eut vite à remplir les fonctions d'une véritable institutrice. Tout l'y préparait d'ailleurs. Remar-
quablement ponctuelle et consciencieuse lors de ses
propres études, elle devait à la rectitude native de l'esprit, au goût du travail, à un courageux emploi du
temps des connaissances sérieuses et précises. Par dessus
tout son caractère, vaincu et demeuré fort dans sa sou-

plesse, la rendait plus propre que beaucoup d'autres à conduire et à former une jeune âme. L'abnégation, sa vertu préférée, l'y servait merveilleusement. Accoutumée à partager aux dépens de son plaisir les détails les moins attrayants de la vie d'intérieur, pouvait-elle s'épargner quand il s'agissait d'une tâche particulièrement grave et chère?

Le succès fut à la hauteur du dévouement. Marie eut pour première récompense le plein repos d'esprit qu'elle donna vite à sa mère. Elle trouva la seconde dans la confiance absolue de son élève. Bientôt ce fut une souffrance de ne point lui dire sur le champ toute pensée qui lui traversait l'esprit. Tel était l'empire aimé que faisait à Marie sa douceur ferme, « douceur angélique, » a-t-on dit. Quand Marie n'obtenait pas l'obéissance du premier coup, son air grave et triste marquait sa peine ; au contraire un baiser fraternel récompensait la docilité plus prompte. Par ailleurs, les choses une fois dites, elle y tenait sans fléchir. Il faudrait entendre le compte qu'elle rend de son œuvre presque au jour le jour quand une absence de sa mère l'investit seule de toute l'autorité. On y prend sur le vif l'esprit surnaturel dans sa forme accoutumée d'abnégation, d'humilité. Après un petit orage : « Comment pourrais-je lui en vouloir, moi qui ai si peu d'énergie? » Répond-elle à des félicitations : « Je vous assure que je ne fais rien d'extraordinaire pour Marthe. Je ne fais rien de moi-même ; c'est le bon Dieu qui agit par moi, et je suis quelquefois tout étonnée de ce que je lui dis et de ce que j'obtiens d'elle. » Aussi bien comme elle ne s'attribuait rien à elle-même, elle était pleinement à l'aise pour avouer le succès : « Je ne crois pas que le bon Dieu puisse se déplaire dans ce petit cœur si ardent et si simple en même temps. Il s'y trouvera toujours bien mieux que dans le mien où Il vient si souvent, mais où j'ai grand peur qu'il ne trouve rien de bon. »

A l'âge de neuf ans, Marie avait consigné dans ses notes cette résolution touchante : « Je donnerai beaucoup de bonheur à mon père et à ma mère. Je serai auprès d'eux comme le rayon de soleil qui réjouit la nature. » Quelques années plus tard, elle disait à Dieu : « Aidez-moi à ne pas donner à mes bons parents d'inquiétudes sur mon âme. » C'était le premier bonheur qu'elle entendait leur procurer.

Ils l'eurent entier, sans nuage, mais encore avec le centuple promis à qui cherche Dieu avant toutes choses. Non seulement leur fille ne leur causa jamais la moindre peine ; non seulement elle leur fut un charme, mais elle leur devint de bonne heure un appui. Sa maturité précoce la fît promptement initier à leurs intérêts, à tous les événements de leur existence. Elle y prenait part d'un cœur filial, toujours du reste avec sa sérénité courageuse et son sens droit. Elle savait embellir pour son père souffrant de longues semaines de repos forcé ; elle sut   chose plus délicate et plus haute — lui adoucir les mécomptes amers de la vie publique. M. Joseph de la Bouillerie, ministre en 1873, eut cette douleur, cruelle entre toutes pour un Français de sa trempe, de voir s'évanouir à ses yeux et pour ainsi dire entre ses mains les plus magnifiques espérances de dignité et de liberté nationales. Tout homme de cœur entend ce que peut être une pareille épreuve; mais Dieu seul connaîtra ce que la jeune fille de quatorze ans fut alors pour son père, combien puissante et habile à panser la blessure, à faire prévaloir le courage et l'espoir sur les dégoûts les plus profonds et les indignations les mieux justifiées.

Dirons-nous qu'en tout cela Marie secondait sa mère? Le mot serait à peine exact et voici le trait le plus notable et le plus délicat peut-être du tableau que nous esquissons. Dieu avait fait entre la mère et la fille une intimité étroite, exceptionnelle, vraiment incomparable, quelque chose de plus que l'échange facile, que le concert spontané des jugements et des vues, il faudrait dire le parfait unisson des âmes, et comme une véritable identité. C'est ici surtout que les témoignages sont unanimes; c'est où ils insistent comme sur le point saillant et absolument original. A les entendre, le caractère de Marie, la perfection où elle tendit sans réserve lui faisaient dans la famille une attitude et une influence privilégiée, mais son intimité avec sa mère demeure encore ce qu'il y avait en elle de plus marquant, ce par quoi elle tranchait absolument sur le commun des jeunes filles, même les plus pieuses et les plus aimantes. Personne ne l'ignorait, tous admiraient cette union extraordinaire qui n'enlevait rien d'ailleurs aux autres affections, pas plus qu'elle-même n'était amoindrie par l'amour souverain de Dieu qui la dominait en l'assurant.

En touchant à ces choses relevées et délicates entre toutes, nous serions plus que jamais coupables de plier les faits à une thèse préconçue. Mais en vérité les faits parlent. Pour qui écoute les témoins, le père, la mère, la fille elle-même, impossible de ne pas voir que le surnaturel est partout dans cette intimité ravissante, à l'origine, au nœud, au terme; qu'il y fait et anime tout, et que, s'il commande le sacrifice, il le compense avec une ampleur magnifique dès ce monde, sans compter les perspectives éternelles. Non vraiment, impossible de ne pas voir ces choses et de ne point penser avec une pitié grave à tant de pauvres mères tentées parfois d'être jalouses de Dieu.

Or c'est bien Dieu même qui lia tout d'abord Marie à la sienne. Le premier exercice de l'intimité naissante fut l'enseignement religieux reçu par l'enfant sur les genoux maternels, la prière commune, l'examen de conscience fait sous l'inspiration et la présidence active de sa mère. Par là Madame de la Bouillerie commença d'acquérir cet empire qui tout d'abord devint un des grands remèdes aux emportements du premier âge. Les mêmes leçons, les mêmes exemples apprirent du même coup à l'enfant et la piété et le respect de sa mère. En 1870, à Bagnères-de-Bigorre, celle-ci faisait quelques jours de retraite chez les Carmélites, tandis que M. de la Bouillerie s'était retiré chez les Carmes dans le même dessein. La petite Marie — elle avait dix ans — habitait avec sa bonne dans une maison voisine, et le P. Hermann voulait bien se faire l'intermédiaire quotidien entre ses parents et elle. Ils s'étaient imposé la séparation et l'enfant en sentait la peine, mais elle en comprenait et en aimait le motif. « Je vois encore, dit Madame de la Bouillerie, ses jolis yeux fixés sur moi dans un coin de la chapelle où on l'amenait tous les jours. Quand je passais devant elle en me retirant, elle m'envoyait un angélique sourire ; mais elle ne m'a jamais parlé. » Est-ce là qu'il faut rattacher ce souvenir évoqué plus tard ? « Je me le rappelle, écrivait Marie, c'est une résolution que vous aviez prise en sortant de retraite, celle de nous rappeler la présence de Dieu toutes les heures, qui a commencé à me faire aimer et désirer la vie intérieure, l'union avec Notre-Seigneur Jésus-Christ. » Du moins un fait reste hors de doute, c'est que la piété et l'intimité commencèrent et allèrent depuis se fortifiant l'une par l'autre. Comme il arrive toujours, le surnaturel, loin de forcer ni de fausser la nature, la développait en toute vigueur et tendresse. Par exemple, Marie prenait un jour parmi ses autres résolutions de retraite celle « d'avoir toujours une confiance pleine et entière dans sa chère maman. » L'exécution fut parfaite et il ne semble pas qu'elle ait jamais coûté. L'adolescente, la jeune fille s'ouvrit et se livra sans réserve. Il n'y eut pas dans cette âme un repli gardé par l'amour-propre contre les yeux de sa mère ni contre sa main. Avec sa tendresse, avec l'humilité qui lui faisait chérir la dépendance, Marie jouissait de se voir ainsi pénétrée et possédée tout entière. On lit dans sa correspondance des aveux comme celui-ci : « Malgré ce que dit le bon X*** sur les rapports entre une mère et sa fille, vous connaissez merveilleusement la vôtre, et vous touchez juste sur les sentiments qu'elle cherche à ne pas s'avouer à elle-même. » Aussi bien sa première récompense était de lire elle aussi avec une filiale aisance dans le cœur maternel. Bientôt, dès l'âge de douze ou treize ans, elle commença d'être pour sa mère une véritable amie. Mourante, elle le disait à une religieuse : « Ma mère et moi, comme deux tendres amies, nous vivions de la même vie, nous passions les mêmes heures de la même manière... » Dans la famille on le voyait, on l'admirait sans en méconnaître la cause. On a dit : « Il fallait qu'il y eût en elle une force venue d'en haut pour lui donner dans un âge si tendre l'autorité de l'amitié. » Se faire de sa fille une amie, ambition banale peut-être chez quelques mères, mais peut-être aussi bien dangereuse. Elle peut naître d'un secret égoïsme, et alors par quelles abdications se poursuit-elle! dans quelles déconvenues va-t-elle finir! Ici la mère n'abdiquait point, elle n'avait point à descendre ; ce fut la jeune fille que Dieu fît monter, et, tout demeurant en l'ordre, une sorte d'égalité fut possible parce que les deux âmes se rencontraient à une hauteur commune, dans la même vie de foi. L'une et l'autre ne le comprenaient pas autrement. La mère tenait sa place, mais elle l'avoue : « Il m'arrivait souvent de vénérer plus que je ne l'aimais encore cette fleur du ciel que j'avais le bonheur de cultiver. » La fille mettait son bonheur à dépendre, mais dans sa dépendance elle doublait sans y prétendre les forces de sa mère, en lui offrant à chaque heure l'appui moral d'un accord d'esprit et de cœur poussé, nous l'avons dit, jusqu'à une véritable identité. La mère disait de sa fille : « Mon second moi-même. » — « Nous sommes la même personne, » disait Marie, et le plus grave des témoins ajoute : « J'ai eu sous les yeux l'idéal de l'intimité d'une fille avec sa mère. Délicieux spectacle dont je ne me rassasiais pas, ces deux âmes ne faisant qu'une seule âme, ces deux esprits un seul esprit, ces deux cœurs un seul cœur, avec la même élévation, la même droiture, la même tendresse. Elles en étaient à ce point qu'il leur suffisait d'échanger un regard pour se comprendre sur toutes choses. Quant à moi, je m'adressais indifféremment à ma fille où sa mère, sachant bien que la réponse de l'une eut été la réponse de l'autre. »

La mère et la fille ne faisaient plus qu'un, mais par Dieu, en Dieu, pour Dieu. Elles ne s'arrêtaient pas à jouir de leur communauté d'âme. Tout venait du surnaturel, tout y allait en retour, et comme la piété avait été le nœud de la liaison, Marie le constate, la perfection était le terme de l'intention commune. « Le cœur du bon Maître est si bon, c'est Lui qui a formé entre nous cette liaison intime et complète, si rare, et Il sait bien que nous ne voulons la continuer que pour nous exciter et nous aider à monter plus haut... » Rien d'ailleurs n'était amoindri ni resserré par cette intention souveraine ; entre la mère et la fille, Jésus-Christ n'apparaissait point comme un rival. C'était lui qui consolait des séparations, et combien elles devaient être pénibles ! « Quand à ce qu'il m'en coûte de ne pas vous voir, inutile de le dire : le bon Dieu le sait et vous aussi. Tachons d'en être heureuses et de remercier le bon Dieu qui nous envoie cette occasion de lui prouver que nous l'aimons par dessus tout. » Mais quand venait la réunion il ne défendait point de s'en réjouir à plein cœur : « Comme nous allons être heureuses de nous revoir ! Certainement cette joie ne doit point déplaire au bon Dieu. C'est lui qui a donné à l'enfant un cœur filial pour aimer plus particulièrement sa mère. Aussi je vous assure que je n'en fais aucun scrupule. Si seulement je pouvais l'aimer, Lui, autant que je le voudrais! » — Un peu plus tard, la séparation s'impose encore et Marie écrit : « J'ai repris ma place sur la Croix à côté du cœur de notre bon Maître; je ne puis donc pas être malheureuse, je vais profiter de ma solitude pour tâcher d'arriver à me détacher davantage de vous tous, afin de ne vivre que pour Lui, mais tout en vous aimant davantage, car ce sont deux choses qui vont très bien ensemble. »

Oui, ces deux choses allaient merveilleusement ensemble dans le cœur de la jeune fille, et c'est du reste la commune expérience de ceux qui se livrent à Dieu sans peur. Quand Marie traçait ces dernières lignes, sa vocation religieuse était déjà décidée en principe et de part et d'autre on pressentait l'amertume du sacrifice. Madame de la Bouillerie s'effrayait presque de se voir si étroitement liée avec sa fille. On lui répondait : Jouissez pleinement de votre incomparable intimité : la grâce viendra au temps voulu. — Par contre quelques uns doutaient que Marie pût jamais avoir le courage de quitter sa mère et comme on le lui avouait plus tard : « C'est vrai, répliquait-elle, dire ce que j'ai souffert à ce sujet n'est pas possible. Dieu seul a fait tout cela en moi. » Ajoutons pour être justes qu'elle l'avait fidèlement secondé, faisant de chaque éloignement l'apprentissage de la séparation définitive. Elle se réjouissait alors de penser que sa plus jeune sœur vivait en tête à tête avec leur mère : Elle deviendra votre amie; elle commencera de pouvoir me remplacer auprès de vous. » L'affection grandissait à mesure qu'approchait le sacrifice : « Plus j'approche du moment où je dois vous quitter, plus je vous aime ; mais c'est dans le cœur du bon Maître et comme c'est lui qui nous fait cette grâce de tant nous aimer, il nous fera aussi celle de nous réunir dans son cœur quand nous serons séparées humainement. »

En effet ce devait être là son triomphe. Parce que cette intimité était son ouvrage et ne vivait que de lui, le Maître allait la consacrer en paraissant la détruire. Il fallait qu'elle s'immolât en quelque manière pour acquérir le droit de revivre au ciel ; mais en s'immolant elle allait se conserver dans tout ce qu'elle avait de meilleur et de plus solide. En se quittant pour Dieu, la mère et la fille sacrifiaient la communauté extérieure de vie, l'échange sensible et continu de l'âme dans la parole et dans le regard. Elles conservaient l'union, le cœur à cœur muet, la rencontre de tous les instants dans celui qui avait été le nœud vivant et divin de leur commerce. Ainsi les joies avaient à disparaître, mais le bonheur allait rester. Nous le verrons manifestement dans toute la suite de cette histoire. Énigme pour quelques uns peut-être. Mais comment ne pas les plaindre ? Faute d'entendre le surnaturel, ils n'entendraient que peu de chose à une vie où il est tout. Ne devraient-ils pas bien plutôt, à la lumière de ces faits si simples et si peu contestables, reconnaître le doigt de Dieu et l'action propre de Jésus-Christ ? La voilà bien toujours la même, telle que la montrent dix-huit siècles d'enseignement et d'expérience catholique, ne détruisant rien de la nature, mais la conservant et l'em-

bellissant à la seule condition de ne pas s'arrêter en elle-
même ; — ne lui ôtant rien de fait et lui rendant au centuple ce qu'il semble qu'elle lui ôte ; — seule capable de
la garder et de l'épanouir tout entière, mais en la trans-
figurant.

Un mot de Marie dira plus encore. En parlant de certaines personnes très chères pourtant elle écrivait à sa
mère : « Le bon Jésus vaut bien mieux qu'elles et que
vous-même. Aussi bien il rapproche de vous. »

Arrêtons ici le portrait de cette âme. Il nous reste à
raconter le grand fait, le fait unique de la jeunesse de
Marie, sa vocation.

II

LA VOCATION

« Comprenez-vous qu'on puisse quitter sa
mère? Moi, je ne vous quitterai jamais pour un
homme.

(Marie à sa mère. 1875.)

L A vocation est un mystère sacré, toujours charmant, parfois étrange. Comme la sainteté même,
elle est une par son fond, multiple et variée de forme,
et c'est merveille que d'y prendre sur le fait la sagesse
divine se jouant dans le gouvernement des âmes comme
autrefois dans l'ordonnance du monde visible. Tous les
appelés portent une commune marque, un trait de famille, l'amour de Jésus-Christ pauvre et humilié ; mais
cet amour, quelles occasions singulières le développent
en eux et par quelles prises étranges il les saisit quelque
fois ! Tout y sert, la joie, les tendresses même et les sé-
ductions, plus souvent peut-être les mécomptes et les
peines, et c'est alors que le monde, incapable de dépas-
ser les apparences, imagine un désenchanté qui se dé-
robe à la vie là où il faudrait voir un affranchi qui commence de vivre. Marie du moins ne saurait donner
prétexte à pareille méprise : l'appel divin n'est-il pas
allé la chercher parmi tous les éléments de ce qu'on appelle ici-bas le bonheur ?

Aussi bien l'appel lui-même diffère suivant les âmes. Quelquefois c'est un éclair, quelquefois une aurore qui grandit doucement jusqu'au plein jour et sans qu'on ait pu marquer précisément la première pointe. Ainsi fut appelée Marie. A quel moment? Elle-même ne savait trop le dire et il lui semblait n'avoir jamais eu d'autre dessein. Par ailleurs, nous l'avons déjà vu, quand elle essayait de sonder cette mystérieuse origine, une seule image lui venait tout d'abord aux yeux, la chapelle de la Roche-Hüe et le tabernacle domestique. Il semble que la vocation soit partie de là.

Elle était pressentie d'ailleurs avant que la jeune fille en prit conscience. On se rappelle le vénérable abbé Ménard disant dès 1870 à Madame de la Bouillerie : « Vous ne la garderez pas longtemps. » Plus tard un religieux dominicain qui la voyait pour la première fois disait de même : « Ce regard n'est pas pour le monde. » Mais ni sa piété, ni son goût de vie parfaite ne pouvaient fonder en ce point la certitude ; il n'y avait que des pressentiments.

Il semble qu'à l'âge de quinze ans, Marie ait entrevu du moins sa vraie destinée. Parlant d'un mariage elle disait un jour à Madame de la Bouillerie : « Comprenez-vous qu'on puisse quitter sa mère? Moi je ne vous quitterai jamais pour un homme. » Un silence douloureux fut la réponse : mais peut-être la pensée maternelle alla-t-elle du premier coup plus loin que celle de la jeune fille ou tout au moins que ses résolutions arrêtées.

En effet, au milieu de l'année suivante (1876), à la retraite du catéchisme de persévérance de Sainte-Clothilde, Marie disait à Dieu dans ses notes spirituelles : « Je ne sais pas encore dans quelle voie vous m'appellerez je ne sais pas si vous m'ordonnerez de rester dans le monde ou si vous me ferez la grâce immense de m'appeler à vous pour que je vous consacre ma vie tout entière. »

Ainsi la question se posait, mais la réponse définitive était encore à venir. Marie ne réservait rien du reste ; elle s'offrait de toute son âme et il faut entendre quelque chose des cris d'amour par où se termine cette retraite :

« Le divin cœur de Jésus brûle de se donner à moi ; il a brûlé de souffrir et de mourir pour moi ; il a soif du salut de mon âme. Je veux avoir soif de ce divin Cœur.

« O Jésus ! comme je vous aime ! vous êtes si bon ! Je donnerais tout pour vous, même ce que j'aime le plus au monde.

« Prenez mon cœur, changez-le et rendez-le moi un peu meilleur, un peu plus enflammé d'amour pour votre cœur adorable.....

« Que tous les instants de ma vie, que tous les battements de mon cœur, que toutes mes affections soient pour vous, mon Jésus, mon frère. Le seul bonheur n'est-il pas d'être toute à vous ?.....

« Oh ! je voudrais être tellement unie à vous, tellement plongée dans votre cœur adorable, que toutes les joies de la terre ne me fussent absolument rien.

« O Jésus, mon cœur a besoin de vous ! Il vous réclame, car sans vous il ne peut être heureux.

« Quand donc, ô mon amour, ô mon Jésus ! quand donc serai-je à vous uniquement ? Vous savez que je n'ai pas d'autre désir, d'autre ambition.

« Je ne veux plus avoir de volonté, ô mon bien aimé.

C'est toujours la vôtre qui règlera ma conduite. Aimer Jésus c'est mon seul bonheur.

O mon Jésus bien aimé, vous êtes mon unique joie, je suis heureuse en vous et quand je souffre pour vous. Je vous aime et je ne veux aimer que vous.

Nous savions déjà combien cette âme fut calme et ferme; il était bon de la voir non moins capable d'élan et de passion sainte. La vocation allait trouver où se poser. Aussi bien en voilà déjà l'esprit, l'accent, la flamme.

Un an plus tard, pendant l'été de 1877, Madame de la Bouillerie en fut plus nettement avertie par un de ces pressentiments que Dieu daigne envoyer quelquefois. Elle-même faisait une retraite à la Maison mère des Dames du Sacré-Cœur. Elle sentit parfaitement, dit-elle, que sa fille la quitterai et se donnerait à Dieu dans cette congrégation même. De son côté, Marie lui écrivait le dernier jour (4 août): J'attends votre retour avec une impatience bien grande, trop grande peut-être, puisque je devrais m'habituer à vivre loin de vous. Y avait-il une intention dans ces mots? Quoi qu'il en soit, la grande question était déjà décidée et moins de six semaines après, la moitié au moins du pressentiment de la mère allait devenir certitude.

Que de souvenirs dans ce Lathan, lui disait un jour Marie devenue religieuse. Vous rappelez-vous un certain soir en sortant de la prière? Pour moi, je ne l'oublierai jamais. Et comment Madame de la Bouillerie l'eût-elle oublié davantage? C'était bien à Lathan pendant la réunion plénière de septembre. On quittait la chapelle après le pieux exercice qui, selon l'usage, coupait en deux la soirée, et la bénédiction épiscopale qui le terminait toujours. Le temps était magnifique, la lune brillante au ciel. Jamais la grâce toute sereine et grave de Marie n'avait tant frappé sa mère. Avec son manteau long et son chapeau voilé de gaze blanche, elle lui rappelait la sainte Vierge. Tout à coup elle lui saisit le bras et lui dit avec émotion : Ma chère maman, depuis longtemps j'ai à vous avouer quelque chose ; je souffre de ne le point faire, et je n'ose pas ; mais enfin ce sera pour ce soir : je viens d'en prendre l'engagement devant Dieu... Je crois qu'il m'appelle à son service ; chaque fois que je me trouve en sa présence, il semble vouloir que je me donne à Lui. Dites-moi si je dois me laisser aller à cette pensée ou y faire résistance. » Ainsi éprouvait-elle comme toujours le besoin d'obéir.

Madame de la Bouillerie lui demanda tout d'abord si elle s'en était ouverte à son confesseur. Elle ne l'avait pas encore fait, voulant que sa mère eut la première confidence. Il fut convenu qu'elle le consulterait dès le retour à Paris, et qu'en attendant, suivant l'attrait qui la sollicitait de s'abandonner en tout, elle dirait à Notre-Seigneur : « Voici votre servante, » non sans lui demander par ailleurs la grâce de la générosité. Sa mère l'interrogea encore sur le premier moment où elle avait pensé à la vie religieuse, sur la congrégation dont elle avait fait choix. La candide enfant ne sut que répondre. « Je crois, dit-elle, que j'ai toujours eu la vocation. Le moment où elle m'est apparue m'est impossible à définir. Je sais seulement que je veux être à Jésus seul et travailler toujours pour Lui. Quant à l'ordre à choisir, je ne sais rien. Dieu me fera la grâce de me le montrer

quand le moment sera venu : j'ai confiance que je le ver-
rai sans trouble. »

Cependant on était rentré au château. Il y avait ce
soir là concert de famille et les fonctions de chef d'orchestre étaient dévolues à Marie. Tandis qu'elle s'en
acquittait, le regard plus beau et plus animé que de cou-
tume, du fond du salon la pauvre mère — elle l'avoue —
suivait la mesure par les battements de son cœur. Personne ne savait encore le secret.

Il était juste pourtant que M. de la Bouillerie ne tardât
pas à l'apprendre. La crainte de lui causer de la peine
fit différer quelque peu. Mais enfin un jour qu'il condui-
sait Marie à la messe, elle lui dit avec sa simplicité
habituelle : « Vous savez, papa, que je désire me faire
religieuse. » Cette fois encore le cœur où elle venait de
déposer l'aveu battit plus vite et elle s'en aperçut sans
doute. Son père déclara qu'il ne ferait point opposition
à un pareil désir, mais il demanda qu'elle attendît sa
vingt et unième année. Oui certainement, répliqua-t-elle,
et ce fut tout. En rentrant, elle dit simplement à sa
mère : « Je crois que j'ai fait bien de la peine à mon
pauvre papa. »

L A situation était tranchée. Dieu voulait Marie religieuse et, comme elle n'en avait jamais douté, ses
parents ne la disputaient pas à Dieu. Restait cependant
une double épreuve, l'ignorance de la congrégation à
choisir et une attente de trois ans. Sans être aucunement
maladive, Marie était frêle et délicate ; voilà pourquoi
l'on avait cru sage d'attendre que son tempérament se
fortifiât. C'était d'ailleurs l'avis de Mgr de la Bouillerie.

Nous savons déjà que la question de choix la laissait
parfaitement calme : elle comptait sur la lumière de Dieu.
Quant à l'attente, elle en souffrait, nous le verrons,
mais elle l'accepta par obéissance et prit à tâche de la
sanctifier.

Une circonstance la consolait du reste. On ne pratiquait pas autour d'elle cette triste sagesse qui, sous
couleur d'éprouver les vocations, s'expose — nous allions
dire s'acharne — à les détruire. On n'estimait pas que,
pour avoir droit de quitter le monde, il soit nécessaire
de le connaître d'expérience, comme si vraiment le

monde à quitter faisait le tout de la vocation religieuse ou même seulement le principal. Il demeura convenu que Marie ne changerait rien à ses habitudes de retraite et de silence, qu'elle sortirait aussi peu que possible du sanctuaire de la famille. Il ne fallait pas, pensait la mère, effeuiller cette virginale fleur.

La jeune fille sentit vivement le bienfait : « Vous êtes bien bonne, écrivait-elle à Madame de la Bouillerie, de me promettre que nous ne nous occuperons pas de ces plaisirs si vains et si vides qui n'ont pas d'autre avantage que de distraire du bon maître. » Un jour sa mère se trouvant à la campagne embarrassée par quelques détails d'intérieur, lui faisait plaisamment cet aveu : « Mon purgatoire sera d'être fermière ; » et de Paris, elle répliquait que le sien serait d'être lancée dans les fêtes mondaines. En 1879, sa vieille bonne lui demandait : « Est-ce enfin cette année que vous allez entrer dans le monde ? » Marie répondit en riant bien fort : « Non, cette année encore, le monde ne me verra pas même de loin. » Quelques semaines plus tard elle le quittait, si tant est qu'elle ait jamais eu réellement à le quitter.

Mais pourquoi le craindre ? Était-ce timidité, sauvagerie ? Marie était timide, mais avec assez d'abnégation pour se vaincre en cela même et assez de distinction personnelle pour être à l'aise partout. Si jusqu'au bout elle se prêta peu à faire des connaissances, il est vrai qu'elle ne s'y refusa pas. Toujours fidèle à ses chers catéchismes de persévérance, elle en sortait la première pour éviter les conversations futiles ; mais par ailleurs nous la verrons dans le salon de famille tenir sa place aux côtés de sa mère et ravir par sa bonne grâce des visiteurs du plus haut rang. Non, la crainte du monde n'était pas chez elle pusillanimité, scrupule, étroitesse. Nous savons déjà son secret : elle n'aimait pas le monde parce qu'il eût pu la distraire de Jésus-Christ, son unique amour. Dès sa retraite de 1877, trois ou quatre mois avant les premières confidences de vocation elle disait : « Voilà donc ce qu'est le monde ô mon Jésus. Et après cela je pourrais l'aimer, je pourrais attacher quelque prix à ses fêtes et à ses joies ! Oh ! je vous en conjure, ne me laissez pas éblouir... Jusqu'à présent vous m'avez fait la grâce immense, incomparable, de comprendre que vous seul êtes la joie, que vous seul êtes le bonheur et qu'en dehors de vous toute joie est amertume et tristesse. Vous savez, ô mon Jésus, que mon plus grand désir est de conserver toujours ces sentiments, puisque mon ambition est d'abandonner tout pour vous trouver, vous, le vrai bien. » Cette jeune fille qui n'eût pas voulu *quitter sa mère pour un homme* avait la fierté de ses saintes préférences. Résolue de n'aimer que Jésus-Christ, elle s'armait contre elle-même de cette jalousie délicate que révolte la pensée d'un seul moment de partage ou d'indécision possible. Elle était humble d'ailleurs. Elle savait que la vocation, vue d'ensemble et pour ainsi dire dans son entier, renferme deux parts bien inégales, l'appel de Dieu qui, une fois entendu, demeure, et le consentement qui peut hélas ! se reprendre une fois donné. Elle appréciait de trop haut l'illusion inique des âmes qui, après avoir perdu dans le commerce du monde le goût de la vie parfaite, osent dire : Je n'avais donc pas la vocation. » Voilà pourquoi elle adressait à Dieu ce cri si pénétrant et si humble : « O mon Dieu, quelle grâce incomparable vous m'avez accordée en me faisant comprendre jusqu'à présent l'inutilité, le néant de tous les plaisirs! Oh! je vous en conjure, faites que j'en sois persuadée tous les jours davantage. Lorsque je vois l'attrait qu'ils ont sur les jeunes filles de mon âge, je me prends quelquefois à avoir peur, moi si faible... Ne m'abandonnez pas, ô mon bien aimé Jésus. Vous êtes le protecteur de ma vie puisque je me suis donnée à vous. Ne permettez donc pas que j'aille dans le monde... Ou bien si votre volonté est que j'y aille, oh! alors ne permettez pas que je m'y amuse. Ce serait pour moi le pire des malheurs si quelque autre chose que vous pouvait occuper une place dans ma pensée et dans mon amour. Ne permettez pas surtout que cette grâce immense que vous m'avez accordée de m'appeler à vous y soit le moindrement compromise. O mon Jésus, quelle perspective affreuse de penser que je pourrais vivre sans vous être consacrée! Le monde me fait peur, ô mon Dieu!... »

Après cela, si Marie a fui le monde sans l'avoir connu, du moins faut-il avouer qu'elle connaissait Dieu et qu'elle ne s'ignorait pas elle-même. Disons mieux : il est trop manifeste qu'à cette double lumière elle savait du monde tout ce qu'il en faut savoir pour le dédaigner et le redouter à bon titre. En ce point les âmes d'élite ont une sorte de divination et comme un tact supérieur où l'expérience ajouterait peu.

Cela dit et pendant qu'elle attend avec une impatience résignée la liberté de consommer le sacrifice et la lumière de Dieu sur la dernière forme à lui donner, il nous sera bon de la voir elle-même telle que la vit, non pas le monde sans doute, mais la société de choix que recevait périodiquement son père. De nombreux témoignages nous y aideront, tous pleins d'une singulière admiration, tous unanimes dans l'impression conservée, mais d'accord à confesser la difficulté de la rendre. Ces réunions hebdomadaires étaient surtout composées de personnages politiques et remplies par l'examen des plus graves problèmes. Or souvent dans le feu des discussions, plus d'un des hommes éminents qui se trouvaient là dirigeait son regard vers l'angle du salon où Marie, assise auprès de sa mère, semblait, parmi ces agitations et ces controverses, une vision de la paix de Dieu. La contempler un moment était pour eux un repos, c'était une jouissance mais d'un ordre à part. L'un d'eux nous la peint « enfermée dans sa réserve gracieuse comme une douce apparition éclairée d'un rayon du ciel. » Un autre écrit : « Je la vois encore jeune fille, dans votre salon, à côté de sa mère ; je vois son regard si doux, son front si pur, son ravissant sourire, sa physionomie où se réflétaient avec un charme si pénétrant la piété et la bonté. » Un troisième parle « de cette suave figure dont l'expression séraphique était dès ce monde un rappel à la vertu. » On entendait dire : « Qu'elle est jolie ! » mais on ajoutait à part soi : « Qu'elle est sainte ! » C'était un charme tout de l'âme, sans rien de terrestre ni d'humain ; c'était la grâce de Dieu qui rayonnait doucement de tout son visage, de son regard, de son fin et modeste sourire, c'était la lumière de l'âme qui paraissait dans ses yeux. On a dit que si Marie eût vécu du temps de Raphaël il aurait voulu la prendre pour modèle de ses madones, et quelques mois après qu'elle fut morte sa mère écrivait d'Italie : « Je cherche ses traits dans toutes les jolies madones ou têtes de saintes. Son regard les dépassait encore en lumineuse pureté. »

Or tandis qu'ils goûtaient ainsi le charme singulier répandu autour d'elle, les chrétiens éminents que nous venons de citer ne se méprenaient pas sur ce qui en faisait le principe. A la voir tantôt modestement empressée à seconder sa mère dans la tâche de faire les honneurs, tantôt jouissant avec ravissement des hautes pensées qui s'échangeaient à côté d'elle, ils sentaient une âme pleine de Dieu, et tandis qu'elle se prêtait à eux de si bonne grâce, on ne les eût point étonnés de leur apprendre qu'elle n'aspirait qu'à s'aller cacher en Lui.

C 'ÉTAIT bien là son désir unique, et elle s'y livrait
de toute la fierté, de toute la joie dont elle était
capable.

A propos d'une parente pour laquelle se négociait un
mariage, elle écrivait : « Je ne lui envierai jamais ce bonheur ; car je suis bien sûre que le mien sera encore plus
grand. » Et par une coïncidence étrange sa mère lui écrivait le même jour, comme devinant sa pensée : « Je te
comprends, je t'approuve et, à ta place, je ne choisirais
pas un autre idéal. » — « Vous êtes donc tout à fait de
mon avis, répliquait joyeusement Marie. Vous trouvez
que j'ai bien choisi mon idéal, ou plutôt que le bon Dieu
m'a fait une grande grâce en permettant que tous les
autres ne me soient absolument rien, car à moi seule je
n'aurais pas été capable de si bien choisir... Et cependant quelle distance le sépare de tous les autres ! » Par
contre elle disait d'une jeune personne entrée au couvent : « Elle est bien heureuse : elle a mérité sa récom-

pense. Moi je ne la mérite pas encore car je n'aime pas encore assez. »

Elle vivait de désir et d'attente et volontiers elle n'aurait point parlé d'autre chose, n'eût été la crainte d'affliger sa mère en lui retournant le glaive dans le cœur. Elle s'en excusa parfois, mais surtout elle la conjure de ne point songer par avance à l'amertume de la séparation. Un jour on lui dit que Madame de la Bouillerie souffre à la pensée de perdre son trésor. Marie la gronde aimablement et ajoute : « Puisque vous avez un trésor, ce dont je ne me doutais pas assurément, mais ce qui ne m'étonne plus étant donné vos illusions maternelles, jouissez-en donc : ce sera très réciproque. Et puis, vous le savez, ce qui n'est séparé que par Dieu est encore plus étroitement uni. » Rien de plus fréquent dans sa correspondance que l'invitation à ne pas devancer la douleur future, et tout en maintenant l'intention générale du sacrifice, à laisser doucement la grâce venir avec la peine à l'heure marquée de Dieu. Réserver ainsi les forces de l'âme, c'était faire acte de foi pratique, mais encore de prudence bien entendue.

Toutefois dans la prière Marie était plus libre d'exprimer son impatience. On lit dans ses notes spirituelles de 1878 : « O mon bien aimé Jésus... que c'est long d'attendre encore deux ans avant d'être tout à fait à Vous ! » Et quelques mois plus tard, bien peu de temps avant la démarche décisive : « Je vous aime, ô Jésus ; vous le savez. Mais quelle faiblesse dans cet amour qui devrait être tout de feu, et quelle langueur dans votre service ! Échauffez donc mon cœur. Faites que cette année me soit un fardeau pesant, puisqu'elle me retient loin de vous. Faites que je n'aie d'autre bonheur que de penser à vous et que tout le reste me soit pénible, tout, absolument tout, même les joies les plus permises. Comment peut-on vivre heureux et jouir de quelque chose quand on ne vous a pas, Vous, pour unique but. » Or ce qu'elle demandait se réalisait peu à peu en elle sous l'action de la grâce et de sa volonté. Elle appelait à grands cris la perfection et s'y appliquait de toute sa force. Il est des âmes qui, au moment d'entrer dans la voie parfaite, mettent une sorte de joie enfantine à jouir de ce qu'elles vont quitter. Marie au contraire se consolait de l'attente par un effort constant de perfection supérieure, et, ne pouvant être religieuse assez vite, elle s'étudiait par avance aux vertus propres de l'état religieux. Il faut l'entendre s'exciter elle-même, se reprendre de ses défauts, s'accuser de ne pas s'effacer encore assez devant les autres, de ne mortifier pas encore assez au bénéfice de la charité son éloignement d'instinct pour le monde. « Et cependant, conclut-elle, vous savez, ô Jésus, combien je désire arriver au dévouement, à l'oubli complet de moi-même, à n'être compté pour rien, puisque je veux embrasser une vie où l'on ne s'occupe que de vous et du prochain sans jamais penser à soi. »

Une circonstance providentielle allait porter son attente au comble et du même coup en hâter indirectement la fin : le 1ᵉʳ février 1879, son second frère Alphonse entrait au noviciat de la Compagnie de Jésus.

Appelé de Dieu après elle, il la devançait au but. Aussi bien là n'était pas toute la différence. Au sortir de cette longue maladie où Marie avait trouvé, nous le savons, l'occasion d'un si complet abandon à la volonté divine, le jeune homme avait été frappé deux fois à quelques jours de distance, par un rayon d'en haut, il faudrait dire par un éclair. Mais la lumière venue soudainement resta d'ailleurs manifeste et souveraine. La foi des parents accomplit le reste et aussi l'admirable esprit surnaturel de Mgr de la Bouillerie. En moins de trois mois, la conviction de tous était fixée et dès lors le sacrifice consenti.

Ceux qui ont goûté le bienfait de la vie religieuse connaissent l'ardeur dont on voudrait, s'il était possible, le faire partager à ceux qu'on aime. Ils entendront mieux que personne ce qui se passa dans l'âme de Marie : « Dieu sait, dit son frère, quelle joie immense ma vocation lui causa. Je me souviendrai toujours du moment où je lui annonçais la bonne nouvelle. Nous étions dans le salon de la vieille Roche-Hüe. Quand je lui eus fait ma confidence, elle me sauta au cou avec des larmes de bonheur, et elle me dit : « Toi aussi ! Oh ! que Notre-Seigneur est bon ! » Depuis lors les deux appelés eurent ensemble des relations particulièrement intimes : il y avait entre eux une fraternité de plus.

Mais bientôt la plus jeune sœur est à son tour saisie par la fièvre typhoïde. Marie est éloignée de la Roche-Hüe, où Madame de la Bouillerie reste seule auprès de la malade, tandis qu'Alphonse fait à Angers sa retraite décisive. C'est alors que les lettres de la fille à la mère deviennent plus affectueuses et plus religieuses que jamais. Elle écrit le 22 décembre : « La pensée d'Aphonse si heureux ne vous sera-t-elle pas une grande joie, et sans arrière-pensée, n'est-ce pas, bonne petite mère ? Quand on donne quelque chose au bon Dieu, il faut le lui donner tout entier, sans restriction et même sans regret. » — A l'aveu des amertumes du sacrifice, Marie répond : « Comment, ma mère chérie, ce mot *fiat* vous semble dur ! Le bon Dieu ne l'a-t-il pas dit avant vous pour vous apprendre à le dire généreusement et amoureusement ? Je comprends qu'il soit pénible à la nature ; mais quand on s'élève plus haut, qu'elle admirable grâce Notre-Seigneur daigne faire ! Il prouve qu'il vous aime puisqu'il vous demande de lui abandonner ce que vous aimiez le plus, en retour de toutes les gouttes du sang qu'il a répandu pour vous...

Il est heureux, votre Alphonse bien-aimé : pourquoi regretter son bonheur ? Il faut tâcher d'en être bien heureuse, vous aussi. Après tout, cette terre n'est pas faite pour qu'on y vive réunis. Et puisque c'est la loi que vos enfants vivent loin de vous, quel bonheur que ce soit pour le service du bon Dieu qui vous les a donnés! Pour moi je ne puis encore me figurer que nous ayons cet honneur et cette grâce d'avoir parmi nous un prêtre. Tenez-vous auprès de la crèche en contemplation devant l'enfant Jésus et en le remerciant de tant et de si grandes faveurs... » Et Marie se savait comprise, car elle disait encore à sa mère en l'opposant à d'autres, pour qui vocation est à peu près la même chose que mésalliance : « Vous au contraire, vous êtes bien heureuse que Dieu daigne abaisser ses regards sur l'indignité de vos enfants. »

Quelques jours plus tard, le jeune homme rentrait à la Roche-Hüe et Marie toujours exilée se figurait le retour : « Je vous vois d'ici tous les deux au coin du feu, lui vous racontant ses impressions, et vous l'écoutant avec un vrai bonheur dans le fond de votre cœur surnaturel, mais le pauvre cœur naturel déchiré. Pourquoi cette ennuyeuse nature vient-elle toujours se mettre en travers même de ce qui rend le plus heureux? Mais il ne faut pas s'en plaindre. C'est ce qui fait le mérite, et sans cela nous n'aurions rien à offrir au bon Maître... »

En même temps la petite malade se rétablissait. Marie elle-même allait rejoindre sa mère. Tout s'arrangeait pour une dernière réunion de famille avant le départ du futur Jésuite; et Marie écrivait encore : « Ce sera probablement la dernière fois que vous aurez auprès de vous sur la terre les cinq fleurons de votre couronne. Mais dans le cœur du bon Jésus vous les retrouverez toujours. »

Alphonse partit. Elle ne l'accompagna point jusqu'au seuil du noviciat, mais elle ne tarda pas à l'y aller visiter.

Elle fut ravie de l'y trouver parmi les premières et calmes joies de cette vie nouvelle. « Je vous assure, témoignait-elle, qu'en voyant la gaieté et le bonheur d'Alphonse, on ne comprend guère le monde plaignant ceux qui se donnent à Dieu. » Et pour complément de témoignage, elle attestait que le novice aimait plus que jamais ses proches, heureuse de voir se vérifier dans le cœur de son frère ce qu'elle sentait dans le sien.

Mais dans le sien il y avait en outre une impatience étrangement augmentée par cet exemple même. Elle fut d'abord assez forte pour n'en rien dire, et toutefois l'œil maternel n'y fut pas longtemps trompé. Le père averti sonda les dispositions de sa fille et Marie mise à l'aise résumait ainsi la situation : « Sous l'impression de votre lettre, papa m'a demandé si je me trouvais malheureuse et si je souffrais vraiment d'être encore au milieu de vous. Je n'ai su lui dire que ce que je vous ai dit à vous, ma chère petite mère ; c'est que je suis parfaitement heureuse avec vous, mais que je le serai encore bien davantage avec le bon Dieu et que je trouve bien long d'attendre mes vingt-un ans. Toutes ses raisons sont très bonnes ; mais voyez-vous, quand on commence à apercevoir si peu que ce soit tout le bonheur d'être à Lui seul, il est bien difficile de ne pas le désirer pour le plus tôt possible. »

En même temps sa mère écrivait au jeune Jésuite : « Elle souffre du désir du Maître, de la soif de pouvoir l'aimer et le servir sans réserve... Ta pauvre petite Marie me fait pitié. Je vois son désir de suivre tes traces, son admirable douceur à nous obéir en attendant encore. Je ne puis plus la regarder sans un brisement de cœur, car elle m'est toutes choses dans ma vie. Et pourtant je fais tout le possible afin de hâter pour elle l'heure du sacrifice et du bonheur... J'espère qu'à l'entrée de l'hiver prochain nous lui ouvrirons les portes du ciel. »

Bientôt en effet les généreux parents décidèrent d'abréger l'épreuve. Restait à choisir la congrégation, et la mère et la fille s'appliquèrent ensemble à l'étude de ce grave problème.

D ans l'ordonnance de la sainte Église peu de choses
sont plus belles que la diversité des congrégations
religieuses, toutes sœurs et se ressemblant comme telles,
mais toutes marquées d'un trait distinctif capable de
déterminer le choix. Il se peut du reste que le trait soit
assez peu tranché, la nuance caractéristique assez délicate pour faire hésiter les préférences. Assez ordinairement des circonstances providentielles les préparent et
les inclinent d'avance. L'âme appelée est mise par son
éducation ou autrement au contact et comme dans l'atmosphère propre de telle ou telle famille religieuse. Le
jour de Dieu venu, c'est là qu'elle trouve tout naturellement sa place marquée : inutile de comparer, de regarder même ailleurs. D'autre fois, l'attrait divin s'affirme
et se précise du premier coup sans autre raison que lui-
même. Dieu daigne faire entendre clairement à l'âme
qu'il la veut ici ou là.

Rien de semblable pour Marie. Élevée par sa mère,
elle n'avait jamais vécu parmi les religieuses, et d'ail-

leurs, on l'a vu, la voix intérieure si nette et si pressante quant au sacrifice à faire, se taisait sur le lieu et la manière de le consommer. A la jeune fille incombait le travail de déterminer elle-même tout cela en comparant avec ses attraits surnaturels et ses aptitudes de nature tout ce qu'elle pouvait savoir des divers instituts religieux. Travail saint et grave qui balance avec un égal respect les diverses formes de la vie parfaite, et, sans en déprécier aucune, engage pourtant à l'une d'entre elles toute une vie et tout un cœur.

Depuis longtemps déjà Marie appelait à grands cris ce qui lui manquait encore de lumière. En 1878 elle priait ainsi : « O mon bien aimé Jésus..., je veux compter pour rien ma volonté propre ; c'est la vôtre, ô mon bien aimé, que je veux suivre toujours. Je vous en conjure, faites-la moi connaître assez clairement pour que je n'aie aucun doute. Que je reste dans l'ignorance jusqu'au moment décisif si telle est votre volonté ! Je vous promets d'accepter courageusement cette ignorance malgré ce qu'elle peut avoir de pénible. Mais lorsqu'il faudra décider, vous me ferez connaître, n'est-ce pas ?... » Par ailleurs sa mère lui écrivait : « Sois bien attentive à la grâce, et tâche d'entendre où Dieu te veux. Il parle bas, mais à coup sûr le tout est d'avoir un cœur prêt à l'entendre. » Certes, la droiture ne manquait pas ; mais Dieu voulait en outre que la lumière fût conquise par le travail.

Marie travailla donc ; elle examina, sinon tous les instituts, du moins ceux qui pouvaient à première vue attirer ses préférences. On jugea sa constitution trop délicate pour le Carmel. Volontiers elle eût été fille de

Saint-Vincent de Paul. Elle visita les pauvres en compagnie d'une sœur de charité, et elle sentit que Dieu ne la voulait pas dans cette vie trop exclusivement active. La Visitation fut également étudiée et tint longtemps la décision suspendue. Quant au Sacré-Cœur, il semblait tout d'abord désigné par les rares aptitudes de Marie au ministère de l'éducation. Mais, chose étrange, Marie le connaissait peu et ses premières relations avec lui furent plutôt froides. L'apostolat qui s'y pratique lui semblait de loin trop extérieur pour ses goûts de solitude. En lisant la vie de la vénérable fondatrice, elle commença de comprendre l'admirable tempérament de prière et d'action qui fait le fond de l'Institut, l'esprit large, élevé, généreux qui s'y cache sous des dehors simples et sans austérité apparente. Malgré tout la crainte lui restait d'une vie trop dépensée au dehors et cette impression la poursuivit jusque dans les premiers jours de sa retraite décisive.

Ce fut en 1879 au milieu du mois de juin. Le R. P. Bazin, directeur de Marie, un vétéran de la Compagnie de Jésus, donnait au noviciat de Conflans un triduum préparatoire à la fête du Sacré-Cœur. Il estima l'occasion bonne pour sa fille spirituelle et il fut convenu qu'elle viendrait se livrer sous ses yeux au travail définitif de l'*élection*.

On peut suivre ce travail jour à jour et comme pas à pas dans les notes brèves de Marie et dans sa correspondance presque quotidienne avec sa mère. Disons d'un mot que l'enthousiasme est bien loin. Tout d'abord quelque peu dépaysée, troublée et comme étourdie par la pensée de la grave décision à prendre, la jeune fille se met énergiquement dans l'indifférence et l'acquiescement absolu à la volonté divine. « Pourquoi m'inquiéter de mon avenir? Pourquoi douter de la lumière? Je veux établir mon cœur dans l'indifférence, non pas à l'égard des créatures, car je crois qu'elles me sont indifférentes pour la plupart, mais à l'égard de ma vocation même, c'est-à-dire de l'ordre où je dois me consacrer à Dieu. Et si je suis vraiment indifférente, abandonnée à votre volonté, ô mon Dieu, vous daignerez, n'est-ce pas? me faire connaître d'une façon certaine où vous me voulez pour votre plus grande gloire. » Une fois posée sur cette base solide, l'âme continue de travailler doucement suivant la méthode des exercices de saint Ignace. Mais la lumière se fait encore attendre; car au troisième jour, après avoir médité le règne militant de Jésus-Christ et son appel aux courageux, Marie écrit : « O mon Dieu, il y a longtemps que je veux vous suivre, il y a longtemps que j'y suis décidée ; faites-moi seulement connaître comment et de quelle façon. »

En même temps elle entrevoit quelques-unes des novices du Sacré-Cœur ; elle s'étonne de leur gaieté douce, elle respire de loin avec un étonnement ravi ce parfum de charité dont lui a déjà parlé d'expérience son frère le Jésuite, et qui est la première grâce et la première joie de l'enfance religieuse. Mais elle se demande naïvement comment faire pour devenir charitable, se croyant portée à voir toujours « le mauvais côté des choses et des gens ».

Enfin la lumière vint, mais sans éclat ni sans secousse, à la manière simple, calme et humble de tout ce que faisait Marie et de tout ce que Dieu faisait en elle. La réflexion lui montra heureusement unies dans l'Institut du Sacré-Cœur les trois vies de prière, d'action, d'apostolat, les trois formes possibles de ressemblance habituelle avec Jésus, son amour unique. Elle entendit enfin que, dans cette vocation spéciale, travaillant comme Jésus et pour Jésus même, elle ne serait jamais exposée à le quitter de la pensée ni du cœur. Dès ce moment tout fut dit : la jeune fille n'hésita plus et elle se sentit envahie tout entière par cette paix douce et forte qui suit les résolutions prises en Dieu.

Le dimanche 22 juin, elle en fait part à sa mère : « Je suis décidée à entrer au Sacré-Cœur... J'y aurai peut-être moins de satisfactions mais plus de renoncement et par conséquent une union avec Dieu plus forte bien que moins sensible. J'aurai d'ailleurs les trois vies, active, contemplative, apostolique de Notre-Seigneur... Ce sont les deux raisons qui m'ont décidée. Maintenant, je crois voir en tout la preuve que je devais être au Sacré-Cœur ; et pourtant j'apportais ici une impression toute contraire, ce qui prouve bien que mon choix n'est point du tout le fait de l'enthousiasme mais la volonté du bon Dieu. » Tout est dans ces quelques paroles : la résolution prise et les motifs hauts et purs. Quoi de plus serein d'ailleurs et de plus paisible ? Et voilà comment se décide le plus ordinairement une vocation.

Dès lors commençait la période des adieux, période étrangement mêlée de douleurs amères et de joies intimes. « La jeune fille souffrit, disait plus tard un témoin qui la connaissait bien ; elle souffrit autant qu'il est possible de souffrir, lorsque tomba sur son cœur comme le tranchant d'un glaive cette parole irrésistible parce qu'elle lui semblait divine : « *Egredere de domo patris tui*. » Mais par ailleurs elle tressaillait. A son frère le Jésuite elle écrivait : « Je t'assure qu'en quittant le monde je ne regretterai qu'une chose, c'est d'y être restée vingt ans. L'atmosphère de Conflans semble vraiment tout autre, et, quand on redescend à Paris, ce n'est pas pour y prendre grand intérêt à ces mille petits riens qui remplissent la vie. Triste vie que celle qui se passe ainsi ! »

En même temps elle se sentait investie d'un grave devoir, celui d'adoucir aux siens l'amertume du prochain sacrifice. « Pour le moment, disait-elle encore, je tâche de jouir le plus possible de la vie de famille et de faire jouir les autres de moi. Quelle présomption ! n'est-ce pas? Et comment y réussirais-je si tous autour de moi n'étaient aveuglés par leur tendresse? » A vrai dire, leur douleur qu'elle devinait lui pesait autant au moins que la sienne propre. Dès la retraite elle avait envisagé cette part cruelle de l'épreuve. Méditant la pauvreté du Sauveur dans la crèche et l'impuissance de Marie et de Joseph à le soulager, elle avait jeté sur le papier cette note touchante : « O Jésus, vous avez voulu souffrir des souffrances de vos parents, de votre mère ; par conséquent dès le premier instant de votre vie vous avez voulu connaître une des plus grandes amertumes des cœurs qui aiment. » Elle était bien de ces cœurs-là et à cette heure elle se tenait heureuse de le sentir plus que jamais.

Toutefois elle s'efforçait de se taire, et pour ménager d'autant ses proches et aussi parce qu'elle eût craint d'amoindrir son sacrifice en le laissant paraître. Au dehors « c'était un calme céleste, » a dit sa mère. « Marie, disait-elle encore, console de son départ prochain par son regard qui semble venir du ciel... » Mais cette mère qui, selon son énergique expression, vivait dans le cœur de sa fille, y voyait trop nettement l'impatience. Aussi bien — nous la citons toujours — était-elle « pénétrée de crainte à la pensée de la mission qu'elle se sentait de garder encore religieusement ce trésor pour Notre-Seigneur pendant plusieurs mois. » Aussi pour dégager plus tôt cette responsabilité surnaturelle, mais encore pour soulager la nature même en abrégeant des jours trop amers, la date suprême fut-elle notablement avancée. Tout d'abord Marie avait dû quitter sa famille le 2 février en la fête de la Présentation de Jésus au Temple et un an après son frère. On choisit en dernier lieu le

10 octobre, fête de saint François de Borgia. Dès le
4 septembre la future novice fut présentée à la Mère générale du Sacré-Cœur, Mᵐᵉ Lehou. Coïncidence que l'on
peut noter au passage : trois ans plus tard, jour pour
jour, le 4 septembre 1882, Marie devait mourir professe
dans cette même maison du boulevard des Invalides où
elle entrait encore à demi étrangère. Mais qui l'eût dit
alors ?

On partait pour un dernier voyage. Fidèle au droit
méconnu, lié d'ailleurs par le plus cher souvenir de famille aux augustes exilés de Frohsdorf, M. Joseph de la
Bouillerie tenait que Marie leur fût présentée avant d'entrer au couvent, comme elle l'eût été à l'époque de son
mariage. S'il y eut là quelque diversion à la tristesse des
derniers jours, rien ne fut moins mondain que cette visite
ni moins dissipant. Marie trouvait à Frohsdorf des
cœurs assez élevés en Dieu pour la comprendre ; Mgr le
comte de Chambord daigna se recommander à ses
prières. Madame surtout se montra toute maternelle.
L'angélique enfant avait fait solliciter d'avance l'autori-
sation de ne paraître que dans la mise la plus sévèrement modeste. Marie-Thérèse en fut ravie et la combla
de bontés. La veille du départ et les adieux déjà faits,
elle voulut la voir encore. Marie fut appelée une dernière fois avec sa mère, et, tandis que Mᵐᵉ de la Bouillerie s'asseyait à côté de la princesse, la jeune fille se tint
à genoux devant elle. Au cours de l'entretien, Madame
admira ses beaux cheveux et lui dit que sans doute elle
en faisait volontiers le sacrifice. Marie mourante s'en
souvenait trois ans plus tard en les voyant tomber. La
princesse lui demanda instamment de prier pour la

France, pour Monseigneur, pour d'autres membres de la famille royale, et ne la laissa partir qu'après l'avoir embrassée une dernière fois. En tout cela Marie avait été simple comme toujours, également à couvert de la timidité et de la vaine gloire. Elle quitta Frohsdorf édifiée, heureuse. De son côté, Madame resta sous le charme « de cette âme d'élite, dont elle avait pressenti la vocation à première vue et avant toute confidence. » C'est elle-même qui daignait l'écrire un peu plus tard à Mme de la Bouillerie et elle ajoutait : « Oui, je comprends votre sacrifice : je vois aussi que le cœur de Jésus qui vous a enlevé votre fille pour qu'elle ne vive plus que de son amour, vous donne des grâces qui adoucissent votre peine et qui augmentent vos mérites. » On le voit, quand, par la suite, Marie pensait à Frohsdorf, elle n'eut pas à écarter comme profanes les images qu'elle en gardait.

L'heure était venue des dernières séparations. Marie reparut quelques jours à Lathan, au lieu des grandes réunions de famille, à Lathan où, deux ans plus tôt à pareille époque, elle avait dit à sa mère le premier mot de sa vocation. Elle y vit encore une fête, un mariage, et, à cette occasion, elle eut une bien douce et sainte parole. Une de ses cousines lui disait : « Vous allez donc nous quitter si vite ! » — « Mais vous le savez, répondit la jeune fille ; il ne faut pas faire attendre un époux. » D'ailleurs sa détermination achevait de la transfigurer devant sa chrétienne famille, mais sans y causer de surprise. Au rapport de son frère aîné, on mettait Marie si haut qu'on ne la considérait pas comme de ce monde, et qu'en apprenant sa vocation il n'y eut ni étonnement ni

murmure... On pensa tout d'abord qu'il en était bien
ainsi et qu'il n'en pouvait être autrement.

Après Lathan, il lui fallut quitter la Roche-Hüe, le
vrai nid de son enfance, et la petite chapelle domestique
où elle avait fait sa première communion. Ce fut une
heure amère. Cette fois seulement on vit sur les traits de
Marie la pâleur et l'angoisse. « Elle était assise sur le
devant de la voiture en face de moi, raconte son père.
Ses grands et beaux yeux étaient fixés sur les miens
avec une indicible expression qui me faisait mal. Nous
étions silencieux, mais je voyais qu'il y avait dans son
cœur un effroyable déchirement. » Elle-même avouait depuis que ce départ lui avait été si pénible, qu'à un moment elle avait craint de défaillir.

Avant de regagner Paris, on passa par Angers, où la
jeune fille revit son frère le Jésuite et reçut la bénédiction de son illustre évêque, Mgr Freppel.

Le 10 octobre arrivait : « Je n'oublierai jamais, dit une
de ses cousines, la journée et la soirée qui ont précédé
l'entrée de Marie à Conflans. Quel fortifiant spectacle
que ce sacrifice accompli dans la joie et dans la paix ! »

Le jour venu, une messe fut dite pour la famille dans
l'église de la rue de Sèvres. Depuis la guérison miracu-
leuse du plus jeune frère, la tombe des Jésuites martyrs
était un rendez-vous aimé. On en voulut faire le point
de départ de cette voie douloureuse à la nature qu'il fallait franchir ce jour-là. Quelques heures plus tard, Marie
était reçue à Conflans par la Supérieure de la maison et
la Maîtresse des novices. Après un court échange de paroles, sa mère l'embrassa et se retira hâtivement pour
lui dérober ses pleurs. Son père demeura quelques ins-

tants de plus. « Ma fille se jeta dans mes bras, dit-il ; je l'y retins pressée contre moi, son visage et le mien étaient baignés de larmes. Je ne pus que lui dire : Je te donne ma bénédiction du fond de mon cœur. » Elle me répondit : « Ah ! oui, merci, mon cher papa. »

En prévision de cette douleur, la Mère générale avait d'avance invité Marie à ne pas trop contraindre la nature. Quelques jours plus tard, la postulante disait à Mme de la Bouillerie : « J'ai pleuré en vous quittant du parloir à la chapelle ; mais là je me suis dit : C'est assez... D'ailleurs je pouvais bien pleurer un peu : notre Mère générale me l'avait permis. » C'est par cet acte d'énergie et tout à la fois d'obéissance que sa vie religieuse commença.

III

LE NOVICIAT

« Jésus est tout et je ne suis plus rien.

« J'ai un Dieu à aimer, et je puis trouver mes
occupations sans intérêt, mes journées monotones! »

RRIVÉS à ce point de notre récit, nous nous sentons
plus que jamais obligés à une discrétion sévère. Il
nous faut pénétrer avec Marie dans la famille religieuse
de son choix, et cette famille, nous le savons, n'aime pas
à louer des vertus qui furent siennes. Mais nous n'écri-
vons pas pour louer. Nous avons entrepris de dire en
simplicité la continuelle application de cette âme à se
rendre parfaite; nous continuerons plus simplement
encore s'il est possible. En tout ce que Marie ne nous
apprendra pas elle-même, notre tâche ne consistera,
comme par le passé, qu'à grouper des témoignages.
Qu'importe que la plupart veuillent rester anonymes?
A cela près, qui oserait en suspecter la compétence et le
prix?

Aussi bien la scène change. Qu'une jeune fille vive
uniquement préoccupée de perfection dans la famille et
dans le monde, cela peut être chose assez insolite pour
frapper. Mais la voilà transportée dans un milieu où la
poursuite du parfait est la loi commune. Nous deman-

dera-t-on si, dans cette poursuite obligée, Marie a devancé ses compagnes, si du moins ses progrès ont été assez marquants pour mériter de laisser trace d'eux-mêmes ? A pareille question nous n'aurions pas à répondre. Nous ne louons pas ; encore moins comparons-nous. Parmi les vertus que la grâce développe dans l'Église, celles-là sont-elles les plus hautes devant Dieu à qui la Providence fait sur la terre une notoriété modeste ou même éclatante ? Est-il impossible qu'un ordre religieux par exemple se trouve, au jour des révélations dernières, avoir formé des héros encore plus méritants que ses grands personnages historiques, voire même que les saints canonisés dont il faisait gloire ici-bas ? Qui l'oserait dire ? Donc racontons à l'honneur de Dieu l'histoire des âmes ; mais loin de nous la prétention de leur donner des rangs.

Quant à Marie, peut-être les épreuves de sa fin lui mériteraient-elles une place durable dans la mémoire de ses sœurs. Il est vrai du reste que, jusqu'au moment où elle commença de souffrir, c'est-à-dire pendant les deux premières années de sa vie religieuse, elle fit simplement ce que toutes faisaient autour d'elle. Mais à entendre celles qui la virent à l'œuvre, elle semble y avoir mis une ardeur de perfection dont le souvenir peut n'être pas inutile, et, s'il faut résumer d'avance la période où nous entrons avec elle, pourquoi récuserions-nous ce témoignage d'une de ses Supérieures : « De temps à autre Dieu fait passer un ange au noviciat. Marie a été choisie pour ce rôle et elle a passé à son tour comme l'ange de l'exemple » ? Que cet exemple ne périsse pas tout entier !

A VANT de prendre l'habit et de devenir novice la
future religieuse du Sacré-Cœur est postulante
durant trois mois. Marie avoua dans la suite que cette
première période lui avait été pénible. Qu'on n'imagine
pas la vie religieuse exempte d'épreuves intérieures,
même pour les âmes les plus ferventes et les plus initiées
d'avance à l'étude de la perfection. C'est assez ordinairement avec la croix que Dieu les accueille, et Marie en
devait faire quelque expérience. Elle souffrit de la séparation consommée, des nuages que le tentateur essayait
de jeter après coup sur sa vocation, des impuissances
réelles ou prétendues qu'elle découvrait en elle-même.
C'est ainsi que le R. P. Bazin l'étant venu voir, elle lui
déclarait — avec une modestie un peu outrée — qu'ignorante en littérature et en musique elle ne savait trop ce
qu'on pourrait bien faire d'elle. « Une supérieure, » dit
en riant le Père, et la postulante s'amusa beaucoup de
cet horoscope. De fait il n'était pas absolument invrai-
semblable, étant donné le jugement, le tact et le vouloir

que Dieu lui avait départis. Cependant Marie devait être plus et moins tout ensemble un modèle d'abord, puis une victime.

Que si les premiers jours eurent leurs difficultés, il ne semble point d'ailleurs que la postulante y ait mis de sa faute. Elle commença vite et bien. Le jour même de son arrivée et dès le premier moment, elle avait voulu prendre part sans délai à tous les exercices. Introduite au noviciat pendant une leçon d'écriture déjà commencée, comme on lui disait de ne point s'en mettre en peine, elle se récria d'un accent plein de ferveur : « Mais je veux commencer tout de suite ma vie religieuse, et la leçon d'écriture est devenue un de mes devoirs. » Ainsi vit-on dès la première heure qu'elle ne se donnait pas à demi.

C'est dans sa correspondance avec sa mère qu'il fait bon suivre ou tout au moins deviner les principaux mouvements de son âme pendant cette période d'impressions mêlées d'expériences fructueuses, mais toujours de bon vouloir humble et fervent. L'intimité d'autrefois demeure, et pourquoi donc eût-elle changé ? Mais si l'on a dû sacrifier quelques joies, ce que l'on tient absolument à ne point perdre, c'est la communauté des souffrances : « Il faut que vous me promettiez, ma petite mère, de me dire tout ce qui vous afflige ou vous inquiète, vous savez que la pensée de n'être plus de moitié dans vos petits tourments de tous les jours est une des choses qui me rendaient la séparation plus pénible. Pour moi, j'aurais bien de la peine à vous dire ce qui me tourmente, car je sens bien qu'ici je suis où le bon Dieu me veut... »

Oui certes, l'intimité se continuait à distance, consacrée par l'offrande des satisfactions perdues, mais toujours douce et charmante jusqu'à étonner Marie elle-même : « Jamais je n'aurais cru qu'on pût rester ainsi unies sans se voir et ne s'écrivant que toutes les semaines. Le cœur du bon Maître est si bon ! C'est lui qui a formé entre nous cette liaison si rare, et il sait bien que nous ne voulons la continuer que pour nous exciter et nous aider à monter plus haut. Autrefois nous nous aimions égoïstement : mais maintenant qu'il n'y a plus rien pour la nature, tout s'est reporté sur notre bon Maître. Jamais, chère petite mère, je ne saurai vous remercier assez d'avoir avancé le moment où nous l'avons mis entre nous deux ». Et qu'on ne dise pas qu'entre la fille et la mère l'union subsistait malgré la vie religieuse. C'était bien plutôt par cette vie même, par le surnaturel préoccupant également et uniquement ces deux âmes. N'était-ce pas sur ce terrain qu'elles s'étaient toujours rencontrées ? Et maintenant ce terrain ne se dérobait pas. Un jour après s'être apitoyée sur ceux qui s'occupent d'une foule de choses « plus petites les unes que les autres en comparaison de Notre-Seigneur », Marie poursuit avec un profond sentiment de vérité : « Voilà ce qui fait que nous restons toujours intimement unies. Jamais, — n'est-ce pas ? — dans toutes nos actions nous n'aurons d'autre désir et d'autre pensée que de plaire au cœur de notre Maître. »

En même temps, les phases de sa vie intime de postulante se laissent voir avec une candide simplicité : « Je suis si heureuse par moments qu'il me semble que, même au ciel, je ne pourrai pas l'être davantage. Tout me semble facile alors. Dans d'autres au contraire, il faut lutter et tenir ferme contre la nature ; mais ces moments là ne sont jamais bien longs, et avec Jésus on est fort contre tout ». Marie s'étonne parfois de se retrouver toujours la même nature à combattre : « Je m'étais fait cette douce illusion qu'elle resterait, du moins en partie, à la porte du noviciat !... »

En somme dans ces premiers débats de la formation, ce qui se démêle, ce qui domine, c'est l'humilité reconnaissante. « Je suis étonnée de me trouver *rien du tout* à ce point : je ne me croyais pas grand chose, mais c'était trop encore. Plus je vais, moins je comprends comment c'est moi que Notre-Seigneur a choisie pour cette admirable grâce. Heureusement je n'ai pas besoin de comprendre, pourvu que je tâche de répondre. Si vous saviez ce que c'est que de passer toute sa journée dans un coin du cœur de Jésus, là seule avec Lui, et de ne penser qu'à Lui ! On nous dit pourtant que le noviciat est une école militaire... On nous traite un peu sur le modèle des novices Jésuites. C'est décidément au Sacré-Cœur que je devais entrer... »

On ne s'étonnera point après cela que les novices du Sacré-Cœur aient grande dévotion à saint Stanislas Kostka, ce type angélique du novice de la Compagnie de Jésus. Un jour donc, un jour de fête et de récréation pieuse, on devait représenter en une série de tableaux vivants les principales scènes de sa vie. Marie, alors postulante d'un mois, fut choisie pour le premier rôle, celui du Saint. Elle n'y entra pas seulement avec une simplicité tout aimable, mais de plus avec une vérité sérieuse dont l'assistance fut étrangement frappée. On remarqua surtout le moment où, représentant saint Stanislas malade, elle se soulevait pour recevoir l'enfant Jésus dans ses bras. La maîtresse des novices eut alors la pensée que Marie ne fournirait point ici-bas une longue carrière. Quant à ses sœurs, elles s'habituèrent dès lors à la regarder comme le Stanislas du noviciat.

L A postulante devait prendre l'habit le 29 janvier 1886,
en la fête de saint François de Sales. Ainsi le grand
saint dont elle avait pensé quelque temps à devenir la
fille semblait la présenter lui-même au Sacré-Cœur.

La vêture est un pas de plus dans la voie du sacrifice.
Marie ne l'entendait pas autrement : « Je crois avoir
donné à Dieu tout mon cœur, écrivait-elle durant la retraite préparatoire ; et cependant que de recherches de
l'amour propre. Tout pour Jésus ; plus rien pour moi. »
Jalouse de se livrer mieux que jamais elle s'interrogeait
sévèrement, elle se calomniait même tout en étant forcé
de se rendre justice. « Je ne sais pas vous aimer, ô mon
Jésus ; je ne sais pas même si je désire vous aimer ; ce que
je sais c'est que pour vous plaire je suis prête à tout ».
Contradiction sans doute, mais belle, et que les saints
ont bien connue. Et pour conclure, pour marquer de
son vrai caractère cette nouvelle phase de sa vie, elle
résumait toute la retraite dans une énergique devise :
« Jésus est tout, je ne suis plus rien ».

Aucune autre postulante ne devait recevoir l'habit avec elle. Une de ses sœurs, la sachant timide, la plaignait d'être seule héroïne d'une cérémonie que ses relations de famille devaient entourer de quelque éclat. Marie était assez simple pour n'y point prendre garde. « Tant mieux, dit-elle, j'aurai seule toutes les prières. »

Les prières en effet ne lui manquèrent pas à ce premier et solennel sacrifice. Tous ses proches y parurent, non pour y assister seulement et s'y unir, mais pour y coopérer de toute l'activité possible. Mgr de la Bouillerie, coadjuteur de Bordeaux, était à l'autel. Aux côtés du prélat on voyait deux uniformes tranchant étrangement l'un sur l'autre, le surplis du jeune Jésuite et la tunique de l'officier de cavalerie. Deux frères de la postulante, heureux de satisfaire un désir énoncé par elle-même, assistaient leur oncle l'archevêque bénissant au nom de l'Église l'holocauste que la famille tout entière offrait d'un seul cœur.

Une noble couronne d'amis chrétiens l'avait entourée et le soir même l'un d'entre eux écrivait à M. de la Bouillerie : « Il y avait là ce matin quelque chose de spécial, un épanouissement complet de toutes les grandeurs de la paternité chrétienne. Cet évêque était un des vôtres et ces deux communiants qui servaient la messe de vêture étaient encore vos fils, deux soldats dont l'un est à l'Église, l'autre à la France, tous deux à Dieu. Ils étaient là dans leur costume de guerre, tunique ou soutane, peu importe. Avec eux vous deviez être heureux et remercier Dieu à travers vos larmes. J'ai admiré tout cela et je suis sorti profondément ému. »

Quant à Mgr de la Bouillerie, ses paroles furent ce

jour-là particulièrement graves et touchantes, et il y aura tout profit à y faire de larges emprunts.

Il résuma tout d'abord la première jeunesse de Marie : solennel témoignage bien fait pour en achever ici le tableau : « Je vous ai connue tout enfant et dès vos premières années, on aurait vraiment pu croire qu'au jour de votre baptême, en recevant les trois grandes vertus infuses du chrétien, la foi, l'espérance et l'amour, vous aviez également reçu la grâce infuse de la vocation religieuse. De bonne heure vous aimiez à vous recueillir et à prier, et, loin du monde que vous n'aimiez pas, vous grandissiez comme le lis qui ne porte haut sa tête que pour la mieux élever vers le ciel!... Deux sanctuaires abritèrent votre enfance et lui prêtèrent leur ombre bénie : le sanctuaire eucharistique, et c'est là que s'écoulaient vos instants les meilleurs ! Puis un autre sanctuaire !

« — Ah! j'ai bien le droit de lui donner ce nom, — le sanctuaire de la famille, où, entre un père chrétien et une pieuse mère, vous croissiez à l'exemple de votre divin modèle, en sagesse et en grâce en même temps qu'en âge.

« Au sanctuaire eucharistique, comme Marie de Béthanie, vous écoutiez la parole du Seigneur : *audiebat verbum illius!*

« Au sanctuaire de la famille, vous ressembliez davantage à Marthe, venant en aide à votre bonne mère pour les soins de la maison : mais jamais vous n'avez mérité le reproche adressé à Marthe; vous ne vous êtes jamais troublée de beaucoup de choses !

« Au sanctuaire eucharistique, vous écoutiez la parole du Seigneur ! mais surtout, ce me semble, celle-ci qu'il adressait à ses disciples : « Apprenez de moi que je suis doux et humble de cœur ! »

« Doux et humble, miséricordieux et obéissant, tel s'est montré le Sauveur. Douce et humble, bonne et docile à la voix de Dieu, telles ont été, ma chère enfant, les qualités aimables que la nature et la grâce vous ont faites... la nature, autant que notre nature souillée par le péché peut n'être pas mauvaise et rebelle, mais surtout la grâce qui, en vous comme en saint Paul, n'a pas été stérile : « *gratia in me vana non fuit.* »

Douceur et humilité de cœur, c'est aux yeux du prélat l'explication complète de la vocation de Marie. Par là elle a été du nombre de ces petits à qui le Père a révélé les grandes choses tenues cachées aux sages et aux prudents : « Quelles sont ces choses, mes frères... Ah ! c'est d'abord l'ensemble de ces relations surnaturelles et toutes célestes qu'il plaît à Dieu de cimenter entre Lui et certaines âmes qu'Il s'est choisies, et qui ne sont plus seulement ses créatures et ses servantes, mais qu'Il élève au rang de ses épouses ; c'est, par suite, cette similitude absolue de pensées, de sentiments, d'affections et de désirs que Dieu établit entre ces âmes et Lui, en sorte qu'elles participent d'une certaine façon à sa nature divine ; c'est encore la couronne de vertus dont Il se plaît à orner le front des vierges qu'Il appelle à ces noces célestes, la chasteté, la pauvreté, l'obéissance ; c'est enfin cette haute perfection morale que le monde ne soupçonne pas et qui est comme le caractère essentiel de la vie religieuse. Ces choses si grandes, si nobles, si saintes, le Seigneur les cache aux sages et aux prudents. Ces sages, ces prudents ne le sont jamais que contre Dieu :

ils ignorent les choses de l'âme et les choses du ciel ; et leur science unique est de blasphémer ce qu'ils ignorent. En ce temps où il a plu à Dieu de les placer très haut et de leur confier le gouvernement des peuples, nous les voyons à l'œuvre : nous les voyons, dans leur enivrement stupide, bouleverser notre pauvre pays pour l'obliger à renier ses saintes croyances, chasser Dieu de partout, interdire à l'Église les deux sanctuaires où elle régnait depuis dix-huit siècles, le sanctuaire de l'école et le sanctuaire de la charité ; essayer enfin de faire de notre belle France qui se vantait d'être la fille aînée de l'Église, essayer de faire d'elle la fille aînée de Satan !... Oui Dieu cache ces choses aux sages et aux prudents : « Il obscurcit leurs yeux, dit le prophète, afin qu'ils ne voient pas ; Il courbe leur dos, afin qu'ils ne se relèvent pas. » Mais en même temps, Il se révèle pleinement aux petits. Quels sont ces petits sinon les doux et les humbles. La grâce vous a faite douce et humble, ma chère enfant, c'est pour cela qu'Il vous a révélé qu'Il voulait devenir votre époux. »

Cela étant et sans illusion possible, Mgr de la Bouillerie prédisait à sa nièce qu'elle serait heureuse : « Heureuse !... et cependant près de vous, autour de vous, j'ai vu bien des larmes couler ! Des larmes ! Pourquoi ?

« Je touche ici à l'une des paroles évangéliques que le monde considère comme un insoluble problème, je dirai presque comme un scandale : « Celui qui aime son père, « sa mère, son fils, sa fille plus que moi n'est pas digne de « moi ! » Le monde se récrie contre cette parole ; il ne l'a pas comprise ! les vrais chrétiens la comprennent et l'acceptent.

« Celui qui aime son fils et sa fille plus que moi n'est pas digne de moi ! » Il y a ici un père et une mère qui ont compris cette parole ! Ils l'ont comprise deux fois ! Ils sont dignes de Dieu !

« Celui qui aime son père et sa mère plus que moi n'est pas digne de moi ! » Il y a ici, ma chère enfant, deux âmes qui ont compris cette parole ! C'est vous et votre frère ! L'un et l'autre vous êtes dignes de Dieu !

« Ah ! sans doute, entre des cœurs chrétiens qui s'aiment tendrement, mais qui aiment souverainement Dieu, il y a lutte, et parce qu'on lutte, on pleure : mais l'issue ne saurait être douteuse ; la victoire reste à Dieu ; et Dieu en généreux vainqueur nous console du triomphe qu'il remporte sur nous ! Dans une famille chrétienne, plus on aime Dieu au-dessus de sa famille, plus on s'aime tendrement entre soi !

« Allez donc, ma chère enfant, reposez-vous tranquille sur le cœur de Jésus-Christ, vous serez toujours pour nous une fille aimante et une fille aimée : nous ne vous oublierons pas, mais priez beaucoup pour nous !... La prière d'une âme douce et humble pénètre les cieux. Les cieux s'ouvrent et laissent pleuvoir leur rosée ! Cette rosée fécondera nos âmes pour le temps et pour l'éternité ! »

A dater de ce jour, Marie entrant plus avant dans la vie du noviciat. Vie sans événements et par là même sans histoire, toute pleine d'acceptations variées mais simples. Avant tout et sous des formes multiples, c'est l'apprentissage théorique et pratique de la familiarité avec Dieu, puis quelques travaux manuels, et, pendant la seconde année surtout, quelques études préparatoires à l'enseignement. Ici encore point de récit à faire, mais plutôt une physionomie à reproduire, la même qui nous est déjà connue, car des traits qui la distinguent, aucun n'a besoin de disparaître : la grâce de la vocation ne fera que les accuser tous de plus en plus.

A qui serait tenté d'estimer la vie du noviciat bien uniforme et — que sait-on ? — mesquine peut-être, Marie a répondu par avance dans les notes de sa retraite de prise d'habit : « J'ai un Dieu à aimer, et je puis trouver mes occupations sans intérêt, mes journées monotones ! » Un Dieu à aimer ! voilà pour grandir jusqu'à l'infini les petites actions d'une novice. Telle était aux yeux de

Marie l'occupation principale, unique, dont toutes les autres ne lui semblaient que les formes changeantes ou les voiles transparents. Dans le monde, elle avait vécu de la piété ; à Conflans, elle s'y plongea tout de nouveau, non pas avec délices, mais avec courage, car elle reconnaissait encore que le courage y est nécessaire ; mais avec une abnégation croissante, avec ce dévouement absolu qui fait la dévotion véritable. Elle se donnait cet énergique mot d'ordre : « Renoncer à trouver de la jouissance dans mes exercices de piété. C'est la connaissance et l'amour du cœur de Jésus que je dois y chercher et non moi-même. Je suis sur la terre pour souffrir, non pour jouir. » Et comme la vraie suavité est d'ordinaire une conquête de la force, une piété si virile en soi se répandait tout naturellement au dehors, aisée, gracieuse et toute aimable, en dépit de la timidité naturelle : « Le trop plein de sa dévotion au cœur de Notre-Seigneur débordait en paroles si simples mais si pénétrantes, qu'elles entr'ouvraient quelquefois tout un horizon. Elle parlait peu cependant, mais c'était vraiment Notre-Seigneur qui parlait en elle. » — « Que Dieu est bon », disait-elle volontiers avec un accent qui allait à l'âme. Quelqu'un lui rend ce témoignage : « Je ne me rappelle pas avoir passé avec elle une seule récréation sans qu'elle nous parlât de Notre-Seigneur. Voilà pourquoi son souvenir nous fait tant de bien. Du reste elle dirigeait vers Lui la conversation avec une simplicité parfaite ; on sentait que le souvenir de la présence de Dieu ne la quittait pas ». Il lui suffisait bien du reste. Une postulante lui avouait un jour qu'il lui en coûtait de ne point regarder tout ce qui se passait autour d'elle. « Vous n'avez donc point de crucifix ? reprit Marie. Quand on a Notre-Seigneur devant les yeux, on n'a pas envie de les lever. Essayez et vous verrez que c'est très facile. »

Marcher en la présence de Dieu et travailler à sa perfection sont choses étroitement liées. En ce point Marie n'en était pas à commencer de vouloir, mais il semble que sa volonté s'élargit avec sa confiance. « Notre-Seigneur m'appelle à une très haute perfection ; mais je ne dois pas m'en effrayer puisque le cœur de Jésus m'est donné entièrement. J'ai tous les droits sur lui, j'en suis en quelque sorte propriétaire. » Et de ce trésor bien à elle Marie travailla sans relâche à tirer toutes les vertus.

Elle obéissait à Dieu parlant dans la règle, avec une ponctualité demeurée légendaire. Ses compagnes attestaient qu'on ne pouvait rien de mieux, et l'une d'elles écrit : « Elle était pour moi la personnification de la règle que je ne connaissais guère encore, mais dont je sentais la beauté en voyant ma sœur Marie. » « Bien souvent, lisons-nous ailleurs, nous nous guidions sur sa manière d'agir, certaines qu'elle visait au plus parfait. Quand elle fut aux études, elle n'eut jamais besoin de redemander une explication donnée en classe. Au contraire celles qu'un travail pratique embarrassait n'avaient qu'à la regarder faire, sûres de se trouver avec elles dans la direction donnée. » Du reste, point de raideur, d'affectation, nulle trace de je ne sais quelle gageure faite avec soi-même pour ne se prendre jamais en faute. La régularité de Marie était toute simple, toute aisée en apparence ; rien n'y faisait saillie et on n'y prenait garde qu'à la longue et à la réflexion. Mille traits en pourraient être cités qui, pris à part, diraient peu, ce semble, mais dont l'impression conservée fortifie encore aujourd'hui les âmes qui ont couru la même voie et porté le même joug. Elles ne pouvaient du reste que deviner ce que cachait cet extérieur de vie si simple, si commun d'apparence. Les notes intimes de la novice nous en apprennent davantage. Marie s'y avertit elle-même de considérer la manière dont elle observe la règle dans les circonstances un peu humiliantes ou contrariantes, dans les petites souffrances, dans les petits sacrifices. Et de quel œil sévère elle scrute son intention ! « Dans quel esprit ai-je gardé ma règle ? Est-ce dans un esprit d'amour ? Est-ce dans un esprit de crainte ? Ne serait-ce pas plutôt parce qu'il est dans ma nature et qu'il agrée à ma paresse d'être dirigée dans les moindres choses ? » Au fond et sauf les imperfections inévitables, elle accomplissait la règle comme saint Stanislas ou le bienheureux Berchmans, parce qu'elle y voyait la volonté de Dieu. « Oui, mon Jésus », disait-elle à chaque coup de cloche, et c'est là tout le secret de sa fidélité. Libre au monde d'en sourire comme d'une illusion pieuse. Il est à plaindre de ne pas entendre que le vouloir unique et éternel de Dieu atteint sans confusion les petites choses comme les grandes, toujours également souverain et adorable, soit qu'il commande au soleil de luire, soit qu'il fasse signe à une novice de quitter sa plume pour son aiguille ou son livre pour son chapelet.

QUI entend Dieu dans la cloche le voit sans peine dans les supérieurs. Bien que formée de longue main à cette obéissance de foi, Marie abordait sa vie nouvelle avec la docilité absolue d'une âme qui ne sait rien de la vertu. « En entrant au noviciat, je nais à la vie spirituelle : je dois donc tout apprendre, à prier, à parler, à penser, à agir, à souffrir. La docilité suppose une entière simplicité pour croire sans raisonnement tout ce qu'on me dira et pour le faire sans hésitation ». Tel était son programme et elle s'y tint. Saint Stanislas avait, à force d'obéissance, mérité le surnom de tout-puissant. Comme lui, Marie semblait ne rencontrer rien de difficile ; le devoir connu lui suffisait. Jalouse de dépendre, elle ne négligeait point de demander les permissions. C'était d'ailleurs si simple et si court qu'on y sentait une entière indifférence pour la réponse, et de fait, le oui et le non étaient accueillis avec le même sourire. Lui refusait-on une pratique de pénitence, une adoration prolongée : « Très bien, ma mère », disait-elle, et c'était tout. Elle avait cependant un grief contre l'obéissance : on ne la reprenait pas assez à son gré. De fait on ne trouvait à lui reprocher autre chose qu'un reste de lenteur native et l'habitude de baisser trop la tête, encore guerroyait-elle à l'encontre avec une bonne volonté touchante. Ainsi empressée à se faire conduire et reprendre, elle est restée pour ses sœurs un modèle de la vertu la plus contraire à l'orgueil. « Je la regarde encore bien qu'elle ne soit plus, dit l'une d'elles, et fréquemment en présence d'un acte d'obéissance je me surprends à dire : « Ma sœur Marie eût fait cela ».

C'est qu'elle était humble, nous le savons déjà, humble de cœur et tout simplement. Sans effort pour se donner de bas sentiments d'elle-même, elle s'oubliait plutôt, n'ayant, comme le veut la règle, qu'un seul regard et pour Dieu seul. Si elle allait jusqu'à se calomnier elle-même, c'était de bonne foi et de bon cœur. C'est ainsi qu'appliquée aux études pendant sa seconde année de noviciat, elle disait gaiement : « Quand je comprends, tout le monde a compris ». Malgré tout, elle redoutait encore les illusions de l'amour propre. « Je m'estime déjà très peu, écrivait-elle, et cependant bien plus que je ne mérite ». Rien qui ne lui fût occasion de se confondre, jusqu'à la facilité qu'elle trouvait à bien faire et à la paix que lui laissait le tentateur. « J'ai grand désir de donner à Notre-Seigneur tout ce qu'il me demandera, grand désir de l'entendre me demander quelque chose qui me coûte... Mais je suis si peu généreuse que je ne vois pas même ce qui pourrait me coûter... Je suis une âme sans intérêt ni conséquence, puisque le démon ne me juge même pas digne d'être tentée ». Erreur sans doute, mais erreur que la rectitude surnaturelle de l'âme ramène en fin de compte au vrai pratique. Après s'être ainsi maltraitée, Marie conclut : « Donc ne plus penser à moi et ne chercher qu'à procurer la gloire de Dieu. » Du reste elle est conséquente, et entend bien qu'on la traite comme elle se juge : « Je dois choisir d'être au dessous de mes sœurs, choisir d'être plutôt reprise qu'estimée, plutôt laissée de côté qu'employée... Aimant et cherchant à me cacher en tout, mais avec persévérance et toujours, aimant même à ne pas trouver de joie dans la vie cachée et dans l'oubli. »

Ainsi l'amour-propre, subtil à jouir de tout, était poursuivi sans relâche, et Marie craignait de le rencontrer encore au fond des saintes et austères joies de l'humiliation. Voilà qui nous aide à comprendre dans quelle voie de mortification intérieure Dieu la poussait. Plus que jamais elle voulait être parfaite, et cette volonté, quand elle est loyale, se confond pratiquement avec la mortification même. À la vérité c'est ici surtout que Dieu seul pourrait tout dire. Mais il nous est possible, à nous, de mettre en regard des résolutions prises quelque chose au moins des résultats obtenus. Régularité, obéissance, humilité profonde et simple, voilà qui, même chez les mieux doués, ne va pas sans un effort constant pour se vaincre. Les résolutions de combat et de victoire n'étaient donc pas lettre morte, et l'on voit d'ailleurs en les parcourant que la novice mettait haut son idéal. Ici elle s'accuse de garder le silence moins par vertu que par routine ; ailleurs d'être « lâche » à sacrifier sa volonté personnelle ; puis elle se trace tout de nouveau son plan : « Faire une guerre à mort à l'amour-propre sous

toutes ses formes, dans les souvenirs inutiles de ma famille, dans la préoccupation de moi-même, dans le lais-
ser-aller à mes impressions du moment, dans la lenteur
qui vient de ma nature et qui n'est autre chose qu'une
grande immortification. Surtout ne jamais me demander
si une chose me coûte ou me plaît. Me débarrasser des
impressions de toute sorte, impression de tristesse après
une faute, impression de lassitude dans la prière... Me
faire un cœur fort. »

Q UAND on veut s'accorder si peu à soi-même, on
est libre de donner beaucoup aux autres. Marie
pratiquait la charité dans un degré rare, c'est-à-dire
avec une égalité constante, une sérénité qu'on a qualifiée
« presque incroyable ». Rencontrait-elle une de ses
sœurs, il semblait vraiment qu'elle vît Notre-Seigneur
en personne, tant elle saluait avec joie et affection. S'a-
gissait-il de se gêner quelque peu au bénéfice d'autrui,
elle avait sur cela sa maxime à elle : « C'est si bon d'être
dérangée pour rendre quelque service! » Mais les premiers des services, les plus chers à sa charité, c'étaient
ceux dont profite l'âme, la prière, le bon conseil, l'exemple, le zèle : « Nous étions touchées, témoignent ses
sœurs, de la persévérance avec laquelle elle recommandait à Notre-Seigneur les intentions pour lesquelles nous
avions réclamé ses prières. Elle s'informait si nous
avions été exaucées et priait encore quand nous nous
souvenions à peine de le lui avoir demandé. » Ainsi ses
habitudes d'ordre et sa naturelle présence d'esprit con-

couraient à rendre sa charité plus affective. Un jour, sa
voisine d'étude avait reçu des nouvelles affligeantes :
« Ma sœur Marie, raconte-t-elle, me vit pleurer sans me
dire un mot. Mais à la récréation elle vint à moi avec
empressement : « Ah ! le silence m'a bien coûté ce matin,
mais j'ai prié. »

Quant au conseil, si elle le jugeait utile, elle ne le
marchandait point par fausse honte, mais elle l'assaison-
nait de modestie et de bonne grâce. A une novice qui
travaillait avec elle, elle fit un jour cette observation :
« J'ai la permission de vous dire que nous pourrions, ce
me semble, garder mieux le silence. » Une autre assise
auprès d'elle pendant une récréation était tentée d'abandonner un raccommodage qui lui semblait interminable :
« Voulez-vous, dit Marie, un petit moyen dont je me sers
en pareil cas? Je me demande : Si cet objet devait servir
à la très sainte Vierge, le trouverais-je assez bien comme
cela? » Une autre fois elle proposait à la même cette
convention charmante : « Nous avons chacune un défaut :
moi, je ne parle pas assez et vous trouvez, vous, que
vous parlez trop. Eh bien ! récitons tous les jours l'une
pour l'autre le *Salve Regina* de l'office. Vous prierez la
sainte Vierge de m'apprendre à parler et moi de vous
aider à parler moins. »

Elle-même en effet apprenait courageusement à vaincre la timidité qui l'eût rendue muette dans les réunions
un peu nombreuses. Pour l'y aider, on lui avait enjoint
de parler haut et seule au moins une fois à chacune des
récréations générales où la communauté entière se
groupe autour de la Mère Maîtresse des novices. Alors,
vers la fin, on entendait la voix de Marie s'élever trem-

blante mais résolue. Le devoir était rempli, la nature contrariée mais assouplie par le fait.

Or à mesure qu'avançait pour Marie le temps du noviciat, la vertu plus encore que l'ancienneté lui assurait un accroissement d'influence. Souvent choisie pour servir de *bon ange* aux postulantes, elle accomplissait avec amour la tâche de leur faire goûter vite la douceur de la vie religieuse. Une d'elles lui demandait un jour si vraiment elle était heureuse loin de sa mère : « Oh ! ma sœur, répondit Marie, est-ce que Notre-Seigneur n'est pas plus encore ? Au commencement je pensais à maman et cela m'affaiblissait ; alors j'ai résolu que, chaque fois que son souvenir se présenterait, je penserais à Notre-Seigneur, et depuis tout a été bien. » Elle lui disait encore : « Vous ne vous doutez pas maintenant du bonheur qu'on éprouve ici. Plus vous serez généreuse, plus tôt vous le sentirez. » De fait c'était toujours à la générosité que menaient ses leçons fraternelles. Marie répétait volontiers aux postulantes : « C'est quand on a fait une chose ennuyeuse qu'on ose dire : « Mon Dieu, je vous aime. »

Mais la leçon qu'elle estimait entre toutes était celle de l'exemple. Elle la donnait avec sa simplicité habituelle, d'abord à son insu, mais souvent plus tard avec conscience et intention. C'était chez elle affaire de principe. « La beauté d'un ordre religieux dépend de l'observation de la règle, et, si petite que je sois, je puis cependant donner de l'accroissement à cette beauté. » Au reste elle y trouvait un profit pour elle-même, celui d'une vigilance plus exacte jointe au bénéfice de l'édification donnée. Ce fut son apostolat spécial ; un jour elle le prêcha doucement et simplement à une novice qui devenait ancienne et l'on ne se rappelle pas l'avoir jamais vue si animée que ce jour-là.

Ainsi préludait-elle dans l'ombre aux exercices de zèle que lui promettait sa vocation. La timidité naturelle, un goût de prière et de silence pouvaient les lui rendre à distance moins attrayants. Mais elle les comprenait, elle s'y savait appelée et comme elle n'avait pas accoutumé de reculer devant un devoir, on vit avec admiration cette enfant si humble et si défiante d'elle-même grandir chaque jour dans le désir de se dépenser pour les âmes. « Oh ! oui, avouait-elle, je sens que l'amour des âmes augmente en moi. Je n'ai plus peur. Je sais que je ferai bien des maladresses quand je serai au milieu des enfants. Mais tant mieux ! cela m'humiliera et Notre-Seigneur est si bon qu'il permettra malgré tout que je fasse quelque bien. » Et les attraits surnaturels cédaient comme la timidité à cet intérêt supérieur de la gloire du Maître. Appliquée aux études, quand il lui fallait avec ses sœurs quitter l'adoration du soir et retourner au travail : « C'est pour les âmes, disait-elle, d'un accent que l'on déclare inoubliable, et elle ajoutait : « Notre-Seigneur sait bien que nous aimerions mieux rester avec Lui. »

Aussi bien, pour commencer au moins l'exercice du zèle et l'apostolat de l'exemple, Marie n'avait plus besoin d'agir, de parler. Jadis, dans le salon de sa mère, la transparence de son âme fixait sur elle l'œil respectueux et ravi des visiteurs les plus graves. En religion, c'était la même chose. A entendre ses compagnes, Marie rappelait les vierges des premiers siècles, telles qu'on aime à se les figurer, avec l'innocence conservée intacte, avec l'amour pur et simple de Notre-Seigneur Jésus-Christ. Selon d'autres, il est impossible de représenter mieux la très sainte Vierge, et comme on dit des petits enfants qu'ils sourient aux anges, on pourrait dire qu'elle souriait constamment à Notre-Seigneur. « En voyant passer dans les corridors du noviciat cette physionomie douce et modeste, ce front candide, lumineux et comme éclairé d'en haut, on se rappelait involontairement ces âmes si aimées de Dieu, si unies à Lui que le péché originel semble ne les avoir jamais touchées ». En temps de récréation ou de silence, dans la maladie ou la santé, c'était toujours la même expression de joie inaltérable et recueillie. « Marie, a dit quelqu'un, était la vivante image de la paix. »

Chose étrange! elle-même eût volontiers pris peur de cette paix intime dont son extérieur était l'image. Et pour ne tomber pas en illusion, elle s'interrogeait sévèrement. Par exemple, dans sa retraite annuelle de 1880, elle regarde de près tout ce qu'elle croit avoir de vertus, « peut-être du dévouement, de la régularité, un commencement de vie intérieure, de la douceur, de la charité... » Mais tout cela lui a-t-il coûté quelque chose? « Cette petite douceur de nature, est-ce une vertu? Ce désir de rendre service, n'est-ce pas dans mon caractère? La fidélité aux petites choses n'est-elle pas une sorte de routine? Notre-Seigneur permet que rien ne me coûte, afin que je puisse faire de grandes provisions de mérites. Où sont-elles? Où est dans tous mes actes la véritable pureté d'intention? » Malgré tout, la paix demeure et, sentant au fond de son âme le témoignage du contente-

ment divin, Marie n'a plus qu'un refuge : elle admire et
s'humilie.

Un an plus tard, au terme de son noviciat, méditant
l'indifférence, le détachement, l'abandon, sa vertu préférée, elle écrit : « L'abandon me semble si facile !...
Quand je regarde en moi, bien au fond, il me semble que
je suis indifférente. Grande illusion probablement ! Sup-
plions Notre-Seigneur d'écarter ce voile qui me cache à
mes propres yeux et m'empêche de voir toutes mes fai-
blesses... » Elle-même s'y efface d'ailleurs. « Dans tous
les temps de ma vie, quel abus de la grâce ! Toujours
autour de moi des personnes admirablement chrétiennes
et pieuses, toujours de grands exemples de vertu. Toujours de mon côté la nonchalance et, ce qu'il y a de
pire, un certain air d'humilité et de vertu par où je me
suis fait passer pour ce que je n'étais pas. » Mais en
vain se confond-elle comme les saints au spectacle des
grâces reçues ; force lui est de résumer toute sa situation
d'âme en ces trois mots : « Paix, confiance, confiance
incroyable. » Pourquoi donc incroyable ? Tout cela
n'est-il pas promis aux âmes de véritable et courageuse
bonne volonté ?

TELLE fut d'après les témoignages qui nous guident la vie religieuse de Marie au noviciat. Quant à ses relations avec le dehors, avec sa famille, nous pourrions les taire, n'y trouvant rien qui ne nous soit déjà connu. Mais faut-il se lasser de redire au monde ce qu'il a tant de peine à croire, que la grâce élève la nature et ne la détruit pas ! Cette famille que Marie avait tant aimée, elle l'aimait toujours, encore plus qu'autrefois, disait-elle, mais autrement. Sans doute elle repoussait avec force l'attendrissement des souvenirs inutiles ; elle différait jusqu'à une heure déterminée la lecture des plus chères lettres ; quand sa mère la visitait au parloir, la généreuse enfant demandait que l'on fît en commun le sacrifice de quelques minutes sur le temps réglementaire de l'entretien. Elle était donc bien dans la ligne sévère et lumineuse tracée par Jésus-Christ même. Elle le préférait à tout le reste, comme c'est juste de préférer un époux. Mais jamais son affection n'avait été plus élevée, plus délicate, plus charmante, plus doucement répandue sur tout ce

qui avait quelque droit à y prétendre, parents ou serviteurs.

Ainsi par exemple rassure-t-elle sa vieille bonne qui
lui avouait redouter le purgatoire : « Je ne suis pas très
inquiète, écrit Marie. Nous t'avons fait passer des années
qui peuvent bien compter pour un fameux purgatoire ;
et si, comme tu le crois, on est promptement oublié
après la mort, il y a pourtant des personnes qui ne s'ou-
blient pas si vite, et je t'assure que tes enfants penseront
longtemps à toi. » Quant à ses proches, elle leur est unie
comme jamais par la prière, par une sollicitude à la fois
calme et agissante. Elle suit avec intérêt le développement de sa jeune sœur, de son ancienne élève. Naïvement audacieuse dans sa piété elle appelle cette enfant
la petite belle-sœur de Notre-Seigneur. Pourquoi non ?
N'est-elle pas même son épouse ?

Avec son frère l'officier elle entretient une correspondance toute bonne, toute simple, tout apostolique. « Les
sœurs aiment tant à poursuivre leurs frères, au moins par
la pensée quand elles ne le peuvent pas autrement ! » Elle
l'exhorte doucement mais sans détours, lui parlant de
ses responsabilités de famille, du père chrétien qu'il con-
tinuera, du frère plus jeune auquel il doit l'exemple.
S'il lui arrive d'être un peu exilé dans une garnison désa-
gréable, elle l'encourage, le prémunit contre l'isole-
ment moral et l'absence d'appui religieux. « Il doit bien
au moins y avoir des pauvres à visiter, et si tu pouvais leur
faire un peu de bien, cela te rappellerait tes jeunes années. » Sûre d'ailleurs d'être entendue, elle lui prêche
tout net la résignation, voire même la joie surnaturelle
de se sentir contrarié, éprouvé, ce qui veut dire aimé de

Dieu. Puis elle se recommande elle et son frère le Jésuite aux prières du cuirassier : « Ce sera une manière de penser au bon Dieu, dit-elle... Prie un peu tous les jours pour que je ne sois pas trop indigne de faire mes vœux dans six mois. Je prie beaucoup pour toi et tu me dois bien cela en retour, quoique tu ne comprennes pas du tout ce que c'est que de faire ses vœux. » Pour lui elle le renvoie à des intercesseurs plus puissants qu'elle-même, notamment aux quatre petits frères morts dans l'innocence baptismale. « Ne penses-tu jamais à nos quatre petits anges ? Je suis convaincue qu'eux pensent beaucoup à nous et j'aime à leur attribuer les grâces que nous recevons. Prie-les quelquefois ; tu verras qu'il fait bon avoir de petits représentants auprès de Notre-Seigneur. »

Cette dévotion gracieuse aux Innocents de la famille paraît avoir à cette époque séduit l'âme aimante et pieuse de Marie. Ce sont eux qu'elle députe à sa mère pour la consoler. « Bien souvent quand je vous crois plus seule, je charge vos petits anges d'aller vous tenir compagnie. Ils sont bien heureux de voir Notre-Seigneur et ils doivent désirer de vous faire partager autant que possible le bonheur qu'ils vous doivent. » Messagers aimables qui entretiendront pour leur part l'intimité sans égale de la mère et de la fille. Car cette intimité ne cessait pas : à quoi bon le redire ? mais plutôt elle se resserrait en s'élevant toujours en Dieu. Marie conviait hardiment sa mère à ne regarder point les joies du passé, « de ce malheureux passé que le démon a bien soin de nous remettre à chaque instant devant les yeux, pour nous empêcher de jouir de notre trésor. Le Cœur de Jésus-Christ

vous appartient maintenant tout comme à moi... N'êtes-
vous pas bien plus heureuse et bien plus riche que lorsque vous possédiez une pauvre créature, et quelle créature encore ! » Lors du deuxième anniversaire de son entrée à Conflans, elle écrivait : « Vous rappelez-vous le
10 octobre d'il y a deux ans? Ce jour-là au moins nous
avons donné quelque chose à Notre-Seigneur ; mais depuis, c'est Lui qui nous a donné et abondamment, n'est-
ce pas !... Si vous saviez comme je suis heureuse chaque
fois que j'entends parler de la belle couronne que trouve-
ront au ciel les parents qui donnent leurs enfants avec
joie, avec une joie surnaturelle bien entendu ! »

Au moment où elle traçait ces lignes, Marie était déjà
entrée sans le savoir dans son rôle de victime. Le don
que ses parents croyaient peut-être avoir fait une fois
pour toutes leur allait être demandé tout de nouveau,
mais plus absolu et plus sanglant pour la nature. Deux
ans plus tôt ils avaient présenté leur fille au seuil du
Temple : voici maintenant le Calvaire et nous n'avons
plus qu'à l'y suivre avec eux.

IV

MALADIE ET MORT

Votre joug est doux, ô mon Bien-Aimé ; il est même trop doux, puisque vous ne m'envoyez jamais aucune souffrance. Mais j'espère qu'un jour vous me traiterez en véritable enfant et vous me ferez souffrir. Alors même je vous promets de trouver toujours votre joug doux et votre fardeau léger.

(*Retraite de 1878.*)

TOUTE âme qui a compris Jésus veut avoir part à son calice. Plus d'une fois déjà Marie s'était plainte que cette part lui fût trop étroitement mesurée. Elle disait souvent à la maîtresse des novices : « Ma mère, quand Notre-Seigneur nous enverra-t-il la souffrance? Quand pourrai-je lui ressembler et le suivre sur le chemin de la croix? » On lui répondait : « Soyez tranquille, attendez : cela viendra, mon enfant ».

La souffrance vint en effet, mais plus prompte et plus cruelle qu'on ne le pensait en répondant de la sorte. Sa correspondance en fait mention pour la première fois au mois de juillet 1881. Marie a des rhumatismes, elle boîte quelque peu et se traîne à la suite des autres. « Pour cela comme pour tout le reste, c'est la petite vitesse. Pourvu que je n'arrive pas en retard à la porte du ciel ! » Mais le mal lui semble toujours passé ou près de l'être. Le 3 novembre, elle l'affirme à sa mère, et comme celle-ci l'a vue en songe malade, mourante même, elle ajoute : « Et maintenant j'espère que, dans vos rêves, vous nous verrez toutes les deux là-haut, tout près du cœur de Jésus. »

De fait les prétendus rhumatismes ne cessaient pas, et le repos était devenu nécessaire. Marie devait rester assise pendant une partie des récréations. Elle accueillait alors avec un aimable sourire les compagnes qu'on lui envoyait, mais sans se permettre d'énoncer une préférence, d'ailleurs plus que jamais capable de se suffire en Dieu. Une sœur qui se trouvait avec elle à l'infirmerie se réjouissait un jour d'entendre sonner la récréation et de voir bientôt des visiteuses. Marie répondit simplement : « Pourquoi se réjouir de parler avec les créatures ? Il fait si bon rester seule avec Jésus ! »

Elle obéissait aux prescriptions médicales, mais se mettait peu en peine du résultat, détachée de la santé comme de tout le reste et craignant de donner trop à la nature. Comme on lui reprochait d'avoir avoué tardivement ses insomnies : « J'avais peur d'être douillette, répondit-elle. Autrefois on trouvait que je m'écoutais un peu. »

Mais enfin, au mois de janvier 1882, une consultation révéla un mal beaucoup plus grave, une inflammation des os de la hanche. Tout en s'étonnant de le trouver dans cette constitution frêle mais parfaitement saine, les médecins ordonnèrent un traitement sérieux, douloureux peut-être. On jugea qu'il serait plus aisé de le suivre à la Maison-Mère, et Marie dut quitter Conflans.

Quitter la maison de son noviciat, c'est toujours une épreuve, et ceux-là seuls en peuvent avoir le vrai sentiment qui l'ont personnellement goûtée. On laisse alors derrière soi les joies les plus vives et les plus pénétrantes de sa vie, et, malgré quelque inexpérience, on le sait, du

moins autant qu'il le faut pour en souffrir. Mais chez
Marie, ce sentiment était alors dominé, ou mieux, ab-
sorbé par un autre. Un mal grave se déclarait à la veille
de ses vœux, et, suivant toutes les probabilités, il devait
au moins les suspendre. Ici encore la seule expérience
peut apprendre combien le mécompte est amer. La malade en eut toute l'angoisse et, si elle ne dit pas ce qu'elle
souffrait, on put en juger à sa joie quand la générosité
de ses deux familles lui eut rendu l'assurance de son
bonheur. Générosité, disons-nous, car il y en eut de
part et d'autre. Incapables de reprendre à Dieu ce qu'ils
lui avaient une fois donné, les parents ne pouvaient-ils
au moins souhaiter d'avoir leur fille sous leur toit pour
l'y soigner eux-mêmes? Cette consolation eût été possible, mais Marie y eût perdu la grâce immédiate des
vœux. Or Dieu, disent-ils, leur fit ce bien d'estimer si
haut pareille grâce, qu'ils ne songèrent même pas un
instant à écouter la nature. De son côté Mme Lehon crut
pouvoir déroger à la loi commune qui est d'attendre en
pareil cas, et aux remerciements de la courageuse famille elle répondait plus tard : « On ne se repent jamais
d'avoir reçu et gardé un ange. »

Marie était encore à Conflans lorsqu'elle apprit la décision de la Mère Générale. A qui venait la voir elle disait d'un air rayonnant : « Vous savez, je fais mes vœux. »
Tout disparaissait devant cette joie. Parmi ses modestes
préparatifs de départ, cette réflexion lui échappa :
« Comme c'est étrange de s'occuper de soi quand on ne
l'a jamais fait ! » — « Me voici à la fin de mon noviciat,
disait-elle encore, et je n'ai rien fait pour Jésus. » —
« Mais, répliquait-on, c'est faire quelque chose que d'être

malade. » — « Qu'est-ce que cela auprès de la grâce de la vocation ? Aussi je viens de dire à Notre-Seigneur : Donnez-moi de vous prouver combien je vous aime. Et maintenant je suis prête à lui sacrifier tout ce qu'il voudra. »

Le Maître voulait sa vie, mais elle ne le soupçonnait pas encore. Elle ne songea qu'à remercier ses infirmières, et à toutes les sœurs et mères elle dit au revoir en souriant. Elle emportait l'espérance de reparaître parmi elles au moins en passant le jour de ses vœux. Elle n'y devait rentrer que dans le cercueil et comme en triomphe.

Son père et sa mère l'étaient venus prendre pour la conduire à la maison du boulevard des Invalides. Pendant le trajet et tandis qu'elle causait avec une gaieté simple, ses yeux toujours fixés devant elle n'eurent point un regard pour le mouvement de Paris. Détail minime en apparence, mais qui peut donner la mesure de son esprit religieux.

CEPENDANT, sur un avis positif des médecins, il fut résolu que la cérémonie des vœux aurait lieu à la Maison-Mère. Le 25 janvier, Marie écrivait à Conflans : « Comme Notre-Seigneur est bon! Je commence ma retraite ce soir, et le 2 février j'appartiendrai enfin tout entière à notre bon Maître. En tout autre temps je me serais certainement sentie indigne ; mais en ce moment où je ne suis pas capable de dire à Notre-Seigneur deux mots de suite, quelle bonté de vouloir bien me prendre tout de même! » C'étaient les derniers jours du temps de Noël, et, pour soulager d'autant son attention, Marie, durant la retraite, eut constamment sous les yeux ou sur les genoux une statuette de l'Enfant Jésus.

Elle s'était consolée de ne point prononcer ses vœux parmi ses compagnes de noviciat en pensant qu'à Paris ses proches pourraient l'entourer en plus grand nombre. Ils ne manquèrent pas au rendez-vous. La chapelle de la Maison-Mère vit, comme deux ans plus tôt celle de Conflans, Mgr de la Bouillerie à l'autel, assisté des deux

frères de la novice, le militaire et le Jésuite un moment
rappelé d'exil. L'évêque célébra dans un grave et affec-
tueux langage les trois liens de la concupiscence brisés
par le triple sacrifice de la pauvreté, de la chasteté, de
l'obéissance religieuses. Il achevait ainsi : « Permettez
maintenant, chère enfant, vous qui m'êtes si étroitement
unie par ces liens doux et forts dont je parlais tout à
l'heure, permettez que ma dernière parole soit pour
vous. »

« Ainsi votre cœur est une hostie, et, près de vous,
votre bon frère qui, pour se consacrer à Dieu, devait
fuir sur une terre d'exil où le poussait une persécution
impie, votre frère, il y a un an, s'offrait comme vous en
sacrifice... Ah! je vous le dis en vérité, notre famille
chrétienne est plus fière de cette double hostie choisie
dans son sein, que de tous les honneurs du monde. »

« Chers enfants, que Dieu vous garde et vous sauvegarde ; qu'il vous garde pour sa gloire, qu'il vous garde
pour le salut des âmes, ces âmes qui vous attendent de
loin l'un et l'autre. Votre frère les évangélisera et, jeunes
encore, vous les formerez un jour à la pratique des
vertus chrétiennes.

« Que Dieu vous garde tous les deux !... Pour vous,
ma chère enfant, vous êtes en ce moment maladive et
faible. Ah! que le Seigneur vous rende un peu de santé
et un peu de force : un peu de santé pour combler de
joie votre bon père, votre sainte mère et tous ceux qui
vous aiment ; un peu de force pour avancer à grands pas
dans cette sainte carrière de la perfection chrétienne où
vous entrez aujourd'hui ; un peu de force pour tout le
bien que vous êtes appelée à faire ici-bas ; un peu de

force pour mieux mériter par de longs et utiles services la couronne que Dieu vous prépare ! »

Ce vœu tous les assistants le répétaient dans leur cœur quand ils virent Marie s'avancer péniblement pour recevoir la sainte communion et se consacrer sans retour à Jésus. Mais Dieu avait d'autres desseins : il ne lui réservait que la force d'âme nécessaire pour souffrir et pour s'immoler.

Toutefois ce jour fut pour elle un jour du ciel, ses yeux le dirent assez à tous ceux qui l'approchèrent. Son visage était pâle, mais plus doux encore et plus pur que d'ordinaire s'il est possible ; plus que jamais son regard leur semblait un reflet de la lumière d'en haut. Il avait des éclairs de joie quand elle montrait le crucifix qu'elle avait reçu, suivant l'usage, en échange de ses promesses. Tout le jour elle le tint sur ses genoux à la place du *Bambino* qui avait charmé sa retraite, emblème parlant de la transformation qui s'opérait dans sa vie. L'enfance religieuse venait de finir, et, par la croix, Notre-Seigneur allait la conduire en quelques mois à la maturité des parfaits.

C OMME pour l'en avertir sans retard, Il permit que le
   mal s'aggravât peu de jours après les vœux. Du
même coup, le traitement devint plus sévère. Marie eut
défense de marcher et désormais, pour se mouvoir, elle
dépendit absolument de la charité d'autrui. Ses parents la
voyaient alors une fois par semaine, et quand elle arrivait
au parloir dans sa *sedia gestatoria* portée par quatre sœurs
coadjutrices, « voilà votre petit Pape, disait-elle gaiement. Je suis bien gênante, mais ces bonnes sœurs sont
si charitables! » Du moins pouvait-elle encore à ce prix
se prêter aux visites de famille, assister aux offices et
prendre quelque part à la vie commune.

Bientôt cette consolation lui manqua : elle dut garder
le lit. « Ce lit, disait-elle en riant, m'est un instrument de
supplice. Il me prive de tout : visites au Saint-Sacrement,
sainte messe, réunions de communauté. Encore ne me
fait-il pas de bien. Je le déteste. Mais non je l'aime puisque
Notre-Seigneur le veut ». Or elle n'en était pas seule
mortifiée : par suite, ses parents ne la voyaient plus.

Ainsi préludaient-ils au martyre du cœur par où ils avaient à passer durant les deux derniers mois.

Cependant cette première épreuve eut son terme. Le repos absolu ne donnait aucun résultat et la malade fut autorisée à se lever chaque jour quelques heures. La prière les remplit, avec la lecture et des travaux à l'aiguille interrompus par de fraternelles visites. On tenait à honneur, disent nos relations, d'aller s'édifier à l'aspect d'une telle sérénité dans la souffrance. Jamais une plainte, un désir, mais toujours une paix joyeuse rayonnant de toute sa personne : « Je fus fascinée par ses yeux, dit une personne qui la visita vers ce temps. Leur éclat n'était pas terrestre. Ils avaient grandi, le globe était lumineux, mais d'une lumière qui semblait venir du dedans. L'expression était heureuse, douce, vive, calme. Je n'ai jamais vu cela nulle part. » Le vénérable directeur de sa jeunesse et de sa vocation, le R. P. Bazin qui, à ce titre, avait pu pénétrer auprès d'elle, était frappé, lui aussi, de ce regard vraiment angélique. Est-ce à cette entrevue qu'il faisait allusion quelques mois plus tard, lorsque, racontant du haut de la chaire la vie de sa fille spirituelle, il disait ces mots touchants : « Un jour j'entrevis, non sans quelque terreur, qu'après lui avoir demandé le sacrifice du monde et de sa famille, Dieu allait réclamer encore le sacrifice de sa vie. Est-ce que vous penseriez, lui dis-je, à imiter si parfaitement saint Stanislas, votre modèle et votre patron, que vous désiriez ainsi quitter la terre à son âge?... Un sourire plein de douceur et de résignation fut la seule réponse » (1).

1. Paroles prononcées par le R. P. Bazin de la Compagnie de Jésus au

C'était bien en effet par un sourire qu'elle accueillait la douleur, trop heureuse d'être religieuse à ce prix. Un jour quelques novices étaient venues de Conflans ; on leur dit en les introduisant près d'elle : « Venez voir ce voile noir qui a coûté si cher. » « Oh ! non, reprit-elle vivement, non, ce n'est pas trop cher. » Aussi bien, réduite pour lors à l'impuissance, elle entrait par la pensée et l'intention dans l'apostolat de ses sœurs dispersées à travers le monde. Des religieuses du Sacré-Cœur venaient de partir pour l'Australie, d'autres pour le Chili et l'Amérique du Nord. Marie les suivait du cœur dans ces longs voyages et elle écrivait : « Comme il fait bon penser que de trois côtés différents on traverse les mers pour faire connaître et aimer le cœur de Jésus ! Et quand on songe que l'on fait partie de la même famille, je vous assure, ma mère, qu'on ne se trouve pas malheureuse de rester dans un fauteuil. Il semble qu'on fasse aussi quelque chose pour la gloire de Notre-Seigneur. »

Encore est-ce agir par soi-même et de l'action la plus excellente, que de souffrir et de correspondre aux grâces reçues. Or désormais toute la vie de Marie était là. Elle souffrait de ses maux propres et plus encore des maux qui commençaient de fondre sur sa famille. Comme diversion aux inquiétudes qu'elle-même leur donnait, les siens venaient de voir s'ouvrir une première tombe. Mme la baronne douairière de la Bouillerie, sa grand'mère, était morte le 26 février. L'avant-veille, secouant comme par

service funèbre du 25 octobre 1882 dans l'église de Chéviré (Maine-et-Loire).

miracle les premières torpeurs de l'agonie, elle avait pu entretenir et bénir une dernière fois ses nombreux enfants. A cette heure solennelle, la mère de Marie lui avait rappelé la pauvre jeune religieuse, souhaitant recueillir de cette bouche mourante, sinon une prophétie, du moins une espérance de guérison. La vénérable octogénaire promit seulement de prier. Elle ne devait obtenir pour sa petite fille que la suprême grâce de bien porter la croix. Marie prit part à la douleur commune. De son lit sans doute et avec une main bien tremblante elle écrivait, ne doutant pas que sa grand'mère fût déjà bienheureuse : « J'aime beaucoup à me figurer la joie de ses petits enfants du ciel et en particulier de vos quatre petits anges en la voyant arriver. »

Trois semaines plus tard, elle eut elle-même une joie et une grâce particulière. Elle l'annonçait en ces termes à la Maîtresse des novices à Conflans : « Si vous saviez, ma Mère, comme il est bon, ce bon Jésus! comme il a des attentions délicates! Mon frère et un autre jeune Jésuite doivent recevoir le sous-diaconat samedi prochain, 25 mars, et très probablement la cérémonie se fera ici. Vous comprenez, ma Mère, si je suis reconnaissante au bon Jésus d'accorder cette grâce à mon frère et ensuite de permettre que je puisse voir son ordination. » En effet Dieu ne lui refusa pas ce grave spectacle et au jour dit, dans la chapelle du boulevrad des Invalides, son frère fut fait sous-diacre par Mgr Freppel. C'était la dernière fête qu'elle devait voir ici-bas.

Et pourtant elle se croyait en voie de guérir : « Je ne me sens pas mal; mes forces ne sont pas brillantes mais elles reviennent cependant. » En réalité le mal était dans une période stationnaire mais qui, par sa durée même, équivalait à une aggravation. La fièvre était continue, l'anémie croissante. Marie s'affaiblissait visiblement d'une semaine à l'autre. L'âme seule restait vaillante : « Notre-Seigneur me fait la grâce de me renouveler tous les jours la patience nécessaire pour la journée et la joie d'être sûre que j'accomplis sa volonté. Il est bien bon ! »

LE 15 avril commença une quarantaine spéciale de
prières; elle devait se terminer le 25 mai, dix-sep-
tième anniversaire de la mort de Mme Barat. On espérait
que la vénérable fondatrice obtiendrait un miracle, avan-
çant ainsi d'autant les honneurs que l'Église semble promettre à sa mémoire. De ce point de vue plus large et
plus haut que toute question de personne, la guérison
de Marie devenait pour la Société du Sacré-Cœur un
objet d'intérêt universel. Toutes les religieuses eurent
donc part à l'entreprise et la mère de la malade put, dans
sa correspondance, parler avec un pieux espoir des
prières de ces « trois mille vierges » unies dans un même
désir.

Ce désir, il était réel et bien vivant au cœur même de
Marie. Toujours abandonnée par le fond de l'âme au
bon plaisir de Dieu, elle souhaitait pourtant de guérir,
et pour glorifier sa Mère fondatrice et pour redevenir
capable des emplois propres de sa vocation. Comme elle

le souhaitait, elle l'espérait d'une ardeur égale. Trop éclairée en sa foi pour compter absolument sur la guérison, elle l'attendait cependant avec une confiance joyeuse et volontiers communicative. Le 17 avril, troisième jour de la quarantaine, elle parlait ainsi à sa mère : « Je ne voudrais pas changer mon sort contre celui d'une de mes sœurs. Ne croyez pas que je m'ennuie : je suis heureuse, très heureuse où le bon Dieu m'a mise. Qu'il me prenne ou me laisse, je ne choisirai pas ; qu'il en soit comme il voudra. Mais ne vous faites pas de peine ; je crois tout-à-fait que je guérirai. Le bon Dieu veut me tremper, il veut que, sortant de cette épreuve, je sois une âme toute virile. » A ses sœurs elle tenait le même langage. Une d'entre elles lui disait : « Je viendrai voir le 25 mai si vous êtes guérie. » — « Dites plutôt, répliqua-t-elle, je viendrai voir que vous êtes guérie. » De Conflans on lui annonçait l'espoir de chanter ce jour-là un beau *Magnificat* au caveau où repose la vénérable Mère sous la chapelle de Notre-Dame des Douleurs. Marie avait son rêve à elle, c'était d'y être portée et de se relever guérie du saint tombeau.

Et cependant, elle seule exceptée, toutes sentaient leur confiance tenue en échec par un motif étrange et vraiment glorieux à cette jeune âme. Elle leur semblait trop parfaite pour que Dieu ne la prît pas. Dès le début du mal, la Maîtresse des novices avait écrit : « Cette enfant est mûre pour le ciel, et c'est peut-être une des circonstances dont on s'alarme involontairement. » Une religieuse qui avait passé auprès de Marie le mois de février, disait de même : « La maladie n'est pas mortelle de soi, mais elle le sera pour elle. Ma sœur de la

Bouillerie est trop sainte pour vivre : c'est le ciel qu'il lui faut. »

Le 25 mai arriva. Marie ne put aller à Conflans au tombeau même de la fondatrice ; mais elle fut portée à la sainte communion dans ce qu'on appelait la corbeille de Mme Barat. C'était une sorte de fauteuil-berceau en osier dont la vénérable Mère avait fait usage durant ses longues infirmités. De l'autel où elle avait communié on transporta la jeune malade dans la chambre mortuaire érigée en oratoire. Elle y demeura jusqu'à ce que la fatigue l'obligea de se remettre au lit. Jamais miracle n'avait été plus désiré, jamais imploré avec plus d'ardeur ni pour des motifs plus purs et plus hauts. A la Maison-Mère, à Conflans, dans la famille et en bien d'autres lieux encore, cette journée ne fut, à la lettre, qu'un long cri de supplication et d'espérance. L'espérance dura jusqu'au bout. La vénérable Mère était morte à onze heures de la nuit et quelques-uns attendaient le coup du ciel pour cette heure même. M. de la Bouillerie était retourné aux nouvelles aussi tard dans la soirée que le permettent les usages religieux ; sa fille lui fit répondre : « Rien n'est changé, mais la journée n'est pas finie. » La journée finit pourtant, et il fallut courber son cœur et sa volonté sous les impénétrables desseins de Dieu.

S'il y a quelque chose de beau sur terre, c'est la foi luttant pour ainsi dire contre Dieu même, et criant à Lui d'autant plus haut qu'il paraît sourd à l'appel. Marie et ses deux familles savaient que la prière n'est jamais infaillible à obtenir les faveurs temporelles, fût-ce la vie la plus chère et la plus précieuse. Le mécompte les affligea sans les troubler ; mais encore ne se réfugia-t-on pas dans une soumission toute passive et attristée. Le lendemain de l'échec des premières espérances était l'anniversaire de la mort du père Olivaint. On se rappela le plus jeune frère de Marie, guéri huit ans plus tôt sur la tombe des Jésuites martyrs, et une neuvaine fut commencée en leur nom. Le 16 juin, on en terminait une autre au Sacré-Cœur par Mme Barat. Immédiatement après on s'adressait à Notre-Dame de Lourdes, puis à la Sainte-Face de Tours, puis à d'autres intercessions encore... Ainsi l'on combattit jusqu'à la fin, et, avant le mérite de la résignation suprême, on voulut avoir tout entier celui de l'espérance et de l'effort.

Ou plutôt on les avait ensemble. Car alors même qu'on priait avec cette inconfusible énergie, on acceptait d'avance le refus possible. Dès la fin de la première quarantaine Mme de la Bouillerie écrivait à l'un de ses fils : « Veux-tu que je te dise ce que je pense ? Marie est prête pour le ciel et bientôt elle ira rejoindre le Bien-Aimé ». Un peu plus tard la Mère générale disait à son tour : « C'est un ange ; nous ne la garderons pas ». Ainsi les deux mères étaient d'accord et leurs pressentiments voyaient juste.

Par ailleurs l'humilité de la malade trouvait là quelque chose à souffrir. Mme Lehon la plaisantait un jour sur l'espèce de notoriété que lui faisaient ces neuvaines où l'on conviait tout naturellement le plus grand nombre d'associés qui fût possible : « On prie pour vous dans toutes les maisons du Sacré-Cœur, à Lourdes, à Montmartre, ailleurs encore. Vous devenez une personne célèbre. » — « Ah ! reprit Marie, Notre-Seigneur m'a bien

déçue. Mon attrait était de vivre cachée, ignorée de
tous et la dernière de mes sœurs. » Et comme la vénérable Mère fondatrice, elle protestait vouloir mourir sans
dire une parole que l'on pût citer après elle.

Du moins ne croyait-elle pas à sa fin prochaine, car ce fut elle qui espéra le plus longtemps. Pour tous les autres yeux les progrès du mal étaient visibles. Dès la fin de mai, les médecins avouaient une baisse croissante et aux questions douloureuses de la famille ils en étaient à répondre qu'il y avait encore chance pour des retours heureux. — La fièvre devenait continue, ardente, les souffrances parfois cruelles, mais combien doucement et généreusement supportées ! Marie le confiait à sa mère : « Quand je souffre bien fort, je dis : Oh ! mon Jésus, je vous aime — et je vous assure que je suis tout de suite soulagée. » D'ailleurs elle se levait à peine, il avait fallu restreindre les visites au cercle le plus intime. Encore ne pouvait-on plus la descendre au parloir. C'était dans une sacristie ou petite chapelle attenante à la grande que se passaient les entrevues déjà bien abrégées et qui allaient trop tôt finir. Sa mère écrivait le 12 juin : « Je l'ai vue ; j'ai même prié avec elle devant le Saint-Sacrement exposé. Elle n'a plus de force. Son angélique

visage entouré de son voile était appuyé sur le haut du
fauteuil. Son beau regard si pur n'avait déjà plus rien de
terrestre. Je le vois, je le sens; non, nous n'allons pas la
garder, mais les anges qui viendront la prendre lui res-
sembleront, je crois. » Quelques jours plus tard devait
avoir lieu entre la mère et la fille la dernière rencontre.
Par bonheur elle ne le soupçonnèrent pas ce jour-là.

Dans l'intervalle, un rayon de joie brilla pour la jeune
malade et pour tous aussi un rayon d'espoir. Monseigneur de la Bouillerie était venu bénir à Paris le mariage
d'une de ses nièces. Il visita Marie, lui parla longuement
de la famille qu'ils aimaient tant l'un et l'autre, de la
souffrance, du ciel. Comment fut-il amené à parler aussi
de sa propre mort ? Toujours est-il qu'il promit à Marie
son premier miracle si Dieu l'appelait bientôt et le faisait
thaumaturge. Il la quitta ému, édifiée de cette angélique
patience. Pour Marie, elle garda l'image toute paternelle
du bon prélat assis aux pieds de son lit et l'encoura-
geant à souffrir. Bien peu de jours après, quand, de fait,
il l'eût inopinément devancée dans la mort, elle désira
que son portrait fut attaché aux rideaux, en face d'elle,
presque à la place où elle l'avait vu lui-même et ainsi
elle expira sous son regard.

A cette visite du coadjuteur de Bordeaux se rapporte
un trait que nous serions coupables d'omettre. On avait
pressé Mme de la Bouillerie de l'accompagner au Sacré-
Cœur. Couverte par la présence de l'Archevêque, peut-
être pourrait-elle pénétrer jusqu'à sa fille. Lui-même n'y
voulut pas entendre : « Non, non, dit-il, qu'elle ne demande rien ». C'est ainsi qu'il estimait le mérite des sacrifices et la parfaite intégrité des lois religieuses. « Ces

paroles, raconte la généreuse mère, m'ont été une grande force contre moi-même. Marie leur doit peut-être le courage qui m'a été donné de tenir ferme jusqu'au bout, ce qui lui vaut un degré de gloire au ciel ». Tous les intéressés étaient du reste unanimes dans cette horreur des exceptions et des dispenses, et Mme de la Bouillerie connaissait bien sa fille quand, protestant de ne jamais rien solliciter en ce genre, elle ajoutait : « J'en aurais honte et je lui ferais trop de peine ».

C'était le 22 juin que Mgr de la Bouillerie visitait sa nièce malade. Ce jour-là même, le chirurgien avait entrevu la possibilité d'une opération peut-être salutaire. Un abcès déjà existant s'était déplacé et on avait résolu de l'ouvrir le lendemain 23. Le matin, l'Archevêque dit la messe à cette intention devant toute la famille réunie ; puis, pour assister leur fille d'aussi près que posssible dans ce douloureux moment, M. et Mme de la Bouillerie se rendirent au Sacré-Cœur. Le père dut rester au parloir, la mère était seule autorisée par la règle à monter dans la chapelle où était exposé le Saint-Sacrement. Là du reste elle se trouvait si près de la chambre de sa fille qu'elle pouvait entendre toutes les allées et venues que l'opération rendait nécessaires. Durant une longue demi-heure, Marie souffrit avec courage, un crucifix dans la main. En sortant, le chirurgien disait : « Il y a là quelque chose d'angélique ; elle m'inspire de la vénération. »

Aussi bien les premiers résultats furent le rayon d'espoir. La fièvre baissa beaucoup. Restaient sans doute des souffrances aiguës, obstinées, difficilement explicables. Mais à tout prendre, on croyait à un mieux. Trois jours après l'opération, le 26 juin, Marie vit encore ses

parents. Elle leur parla de la visite de l'Archevêque, elle
les remercia de l'avoir soutenue de si près à l'heure cri-
tique. « Je n'ai plus de fièvre, disait-elle ; mais je ne sens
pas de bien-être ». Malgré tout, on se sépara dans une
commune espérance ; on ne devait plus se revoir.

QUELQUES jours plus tard, les choses avaient bien changé de face. Mgr de la Bouillerie était mort presque subitement à Bordeaux, le 8 juillet, et les siens ne pouvaient que courir en hâte à ses funérailles. Informée par degrés de cette perte, vrai coup de foudre pour toute la famille, Marie écrivait le 9 à son père six lignes toutes tremblées. Ce fut son dernier billet autographe, dès lors elle signa seulement ce qu'on voulait bien écrire pour elle.

Après la nouvelle reçue, elle avait humblement demandé un signe pour savoir si le vénérable défunt jouissait déjà de Dieu. A ce moment même, elle obtint, chose inouie pour elle, un sommeil paisible et qui dura sept heures ; elle crut y voir le signe désiré.

Du moins n'était-ce pas un gage de guérison pour elle-même. Au retour de Bordeaux, ses parents eurent l'amère déception d'apprendre une aggravation nouvelle. Rien ne restait du frêle espoir causé par l'opération du 23 juin. Le muguet envahissait la bouche et la gorge,

rendant la fièvre plus ardente et l'alimentation plus difficile, accusant d'ailleurs un dépérissement sans doute ir-
rémédiable. Pour la malade c'était le commencement du
déclin suprême, pour les siens c'était le retour à la souffrance aiguë du cœur. Il semble que ce moment leur ait
été tout particulièrement pénible. On trouve alors dans
leur correspondance des cris d'ardente douleur et de foi
plus ardente encore, et l'on songe à ces larmes et à ces
puissantes clameurs de l'âme dont s'accompagnait, selon
saint Paul, la prière de Notre-Seigneur Jésus-Christ.

Leur fille entrait de plus en plus dans son rôle de victime, et certes Dieu ne l'épargnait pas. La fièvre était
dévorante, l'insomnie opiniâtre. La jambe droite retirée
et contractée ne pouvait plus s'étendre ; tout mouvement
devenait un supplice, mais l'immobilité en était un autre,
avec les plaies qu'elle amenait à la suite. Les parents de
Marie la comparaient à Job, elle-même acceptant la similitude signait un de ses derniers billets : « Votre heureux
petit Job. ». Au Sacré-Cœur, une des mères voyait dans
la jeune martyre la parfaite image du crucifix et il est
vrai que pour lui être plus semblable elle se plaisait
quelquefois à étendre les bras en croix.

Mais son grand effort était de reproduire par le cœur
le cœur même du Crucifié. Dieu seul a compté les actes
de résignation qui devaient monter deux mois encore de
ce lit douloureux. Marie avait toujours tant aimé l'abandon à la volonté divine ! Il lui était donné de le pra-
tiquer nuit et jour et dans un degré qu'on apprécie. Elle
s'y attachait comme toujours, avec un courage humble
et simple, attentive à se vaincre et prompte à se reprocher tout. Si une plainte lui échappait : « Ce n'est pas

moi, c'est la nature qui crie, disait-elle aussitôt en souriant. Mon Jésus, que vous êtes bon de me faire souffrir ! Je ne veux rien que ce que vous voulez ».

Quand sonnait l'heure, elle prenait son crucifix et on l'entendait dire : « Mon Jésus, la patience jusqu'à l'heure suivante ! Je ne la demande que pour une heure, car je n'ai pas le courage d'en envisager deux de suite, et d'ailleurs je n'ai de grâce que pour supporter le moment présent... Si l'on m'avait dit il y a deux ans, que je serais ainsi de longues journées sans pouvoir rien faire, il m'aurait semblé n'avoir pas la force de le souffrir ; mais le temps passe en acceptant la volonté de Dieu minute par minute ».

D'ailleurs elle ne s'estimait point du tout héroïque : « Je ne sais, disait-elle encore, comment faisaient les saints pour s'écrier dans leurs souffrances : Encore plus, Seigneur, encore plus ! J'ai tant de peine à dire seulement : Mon Jésus, merci. » — « Notre-Seigneur lui répondait-on, a bien prié son Père d'éloigner ce calice, mais il ajoutait : « Que votre volonté se fasse ». Et Marie de reprendre vivement : « Oh ! mon Dieu, oui, la vôtre ; Tout ce que vous voulez, je le veux aussi, même ces deux petits tuyaux qui me font si grand mal ». C'étaient des tubes en caoutchouc introduits dans la plaie de l'opération.

Les nuits étaient cruellement longues. Marie en souffrait pour elle, mais encore pour les sœurs qui la veillaient. Un soir sa garde-malade, étant occupée dans un coin de la chambre, l'entendit prier ainsi : « Mon Jésus, faites-moi dormir, ou du moins soulagez-moi un peu ; sans cela je ne saurais m'empêcher de me plaindre et la sœur ne pourra pas reposer ». Mais à mesure qu'approchait la fin, le sommeil ne vint plus qu'à de bien rares intervalles ; il n'y eut plus de ressources que dans la prière ou dans quelques pieuses paroles échangées de temps à autre. « Racontez-moi une histoire, demandait une nuit la pauvre enfant. — Dans quel genre ? — Sur l'abandon à la volonté de Dieu. — Je n'en sais pas, mais je me souviens de plusieurs instructions que je vous redirai, si vous voulez. — Cela me plaît, ma sœur... » Et elle écoutait longuement, toujours heureuse d'entendre louer sa vertu de prédilection.

Cependant elle sentait parfois la lassitude l'envahir et laissait échapper cette exclamation : « Je ne peux plus. » — « Communiez-vous demain ? lui demandait-on pour détourner sa pensée. » — « Non, mais j'espère ce bonheur pour après-demain. — A ce compte, nous pouvons bien commencer la préparation ». Aussitôt elle récitait à haute voix tous les actes. Par dessus tout, elle demandait pardon, non d'avoir manqué de patience — de son aveu, jamais le moindre mouvement ne s'est élevé dans son âme contre la divine volonté — non, elle s'humiliait et se repentait de s'être plainte.

Quand des bruits de voix montaient jusqu'à elle du boulevard : « Voilà, disait-elle, des gens qui auraient peut-être besoin que l'on priât pour eux. Il faut demander à Notre-Seigneur de les convertir. Si je pouvais obtenir la conversion d'un seul ! » Touchante pensée, mais tout ensemble image en raccourci du monde des âmes à notre malheureuse époque. Au dehors, dans la rue, l'ignorance, l'oubli, l'impiété peut-être, vont, viennent, parlent, chantent ou blasphèment, et tout près, derrière les murs d'une de ces maisons religieuses qu'il leur plairait de détruire, la douleur veille et s'offre au Père commun pour les pauvres frères inconnus.

Notons ici, quitte à devancer un peu leur date précise, quelques aspirations recueillies pendant une de ces insomnies si laborieuses.

« O Jésus, que vous êtes bon de me faire tant souffrir!... O Jésus, que vous me faites mal! Je vous assure que cela me fait bien mal. Oui, mon Jésus, je veux bien la souffrance, je veux bien souffrir, ne faire que souffrir... O Jésus, mon bon Maître, je vous ai encore fait de la peine : pardon, Jésus, je ne le voulais pas... O Jésus, je vous en prie, laissez-moi dormir, je n'en puis plus! J'éveille cette bonne sœur qui ne peut dormir... O Jésus, que vous êtes bon! oui, bon! bon! Je vous assure que vous êtes bon, Jésus.... O quelle nuit! quelle mauvaise nuit, ou plutôt quelle bonne nuit pour le bon Dieu! »

C'est aussi un peu plus tard, après l'extrême-onction et la profession anticipée qu'on l'entendit faire, son crucifix à la main, ce touchant parallèle : « J'ai tout ce qu'il me faut, et vous n'avez rien pour vous couvrir; j'ai des oreillers et vous êtes appuyé sur des épines; on me demande ce que je désire pour ma nourriture et les Juifs vous ont donné du fiel à boire. Suis-je votre épouse? Il faut que je vous ressemble. Je veux bien souffrir tout ce que vous avez souffert. J'accepte cette position si pénible pour toute ma vie, si vous voulez. Quand je dis que je ne peux plus, c'est que cela m'échappe : mais, mon Jésus, n'écoutez pas mes paroles! »

D'autres fois elle se plaignait doucement à Notre-Seigneur de ce que, étant son épouse depuis si peu de

temps, il paraissait la traiter avec rigueur. « Quand une
union terrestre vient de se conclure, l'époux cherche tout
ce qu'il peut offrir à son épouse. Eh bien! mon bon
Maître, suis-je votre épouse? Vous me laissez ainsi éten-
due sans mouvement; vous ne me donnez rien... Oh! je
comprends, vous me donnez la souffrance. N'est-ce pas
le meilleur?

« Après le mariage, disait-il encore, vient le voyage
de noces. Puisque je suis votre épouse, ô Jésus, faites-
moi faire le voyage du ciel! »

Le croirait-on? Marie aurait eu scrupule de transfor-
mer ce dernier vœu en demande formelle. Prier Dieu de
lui épargner le purgatoire lui eût paru peu conforme à la
perfection absolue de l'abandon. « Je n'ai jamais vu de
cœur plus mortifié, témoigna une des assistantes générales; et elle raconte qu'un jour de souffrances plus
cruelles elle la prit en pitié et lui dit : « Je crois, mon enfant, que Dieu vous fait faire votre purgatoire et que
vous irez tout droit au ciel. » — « Vous croyez, ma
Mère, s'écria Marie, puis elle protesta vivement : « Mais
vous savez que je ne l'ai pas demandé. »

C'est en rappelant ce trait et d'autres semblables que
Mme Lehon pouvait écrire après la mort de Marie : « On
sent mieux qu'on ne l'exprime ce qu'inspirait d'admiration notre édifiante malade. Y penser et en parler fait
du bien. »

Ainsi jusqu'au terme elle avait au moins prêché
d'exemple, toujours accueillante malgré ses douleurs, et
souriant à la charité qui la visitait, toujours attentive à
s'informer de ses sœurs, toujours patiente et simple à répondre à leurs questions, sans rien exagérer de son état

ni s'attribuer le moindre mérite. Revoir ses mères de Conflans était sa grande joie. Quel charme de rentrer alors par la pensée dans tous les détails de sa chère vie du noviciat ! Tous les soirs c'était une consolation plus profonde encore. La Très Révérende Mère générale venait passer la récréation auprès de sa fille souffrante. Dans cet entretien intime Marie trouvait un repos aux peines du jour et une force nouvelle pour la nuit douloureuse qui allait commencer.

Ainsi tout aidait la victime à s'épurer et elle s'y aidait vaillamment elle-même, tandis que s'accomplissait lentement le sacrifice. On l'entend du reste, ce sacrifice n'était point pour elle seule, il était aussi pour ses parents et sans doute plus cruel encore. Désormais sûrs de la perdre et résolus de ne rien faire pour la revoir, ils avaient à porter, avec tout le poids d'un deuil certain, toute l'angoisse d'une immolation toujours imminente et jamais consommée. Vers la fin de Juillet, le R. P. Bazin écrivait à Mme de la Bouillerie : « Il faut à la justice de Dieu des victimes d'une beauté sans tache, et heureuses ces victimes choisies entre mille ! Heureuses aussi — ne frémissez pas comme une mère ignorante du Calvaire — heureuses les familles auxquelles ces victimes sont demandées ! » La famille de Marie l'entendait bien de la sorte.

On plaignait sa mère de ne pouvoir la soigner de ses mains, elle répondait que Marie, une fois consacrée à Dieu, lui paraissait un sanctuaire et ne devait être touchée que par les religieuses, ses sœurs. Il était cruel de la savoir vivante et de ne pouvoir au moins l'approcher, mais on avait assez de foi pour y voir son profit à elle-

même. « Nous comprenons mieux maintenant à la lumière de Dieu l'avantage qu'il y a pour cette âme bien-
aimée à n'être plus désoccupée du ciel par les affections
de la terre ; nous avons demandé qu'on ne la trouble pas
en cherchant à nous la faire revoir une dernière fois.
Nous en avons fait le sacrifice à Jésus crucifié. » Ils espé-
raient du reste qu'elle mourrait en souriant : « Cette
grâce d'une incomparable paix dans la mort lui viendra
peut-être de l'affreux sacrifice imposé à nos cœurs de
père et de mère. » — Telle est la tendresse qui s'apprend
encore de nos jours à l'école de Jésus-Christ.

L E 31 juillet, fête de saint Ignace de Loyola, les médecins, craignant une suffocation par suite des aphthes qui embarrassaient la bouche et la gorge, avertirent de songer aux derniers sacrements. La Mère générale se chargea d'y préparer sa chère fille. « C'est donc fini, dit Marie. » Rien n'est désespéré, mais le médecin a des craintes sérieuses, et mieux vaut prendre ses précautions ». A ces mots la malade répondit avec son énergie et son entrain ordinaire : « Le sacrifice est fait, » et elle désigna de nouveau les intentions pour lesquelles elle aimait à souffrir.

La cérémonie eut lieu le même jour. Mais Marie avait communié en viatique le matin ; elle ne reçut donc que l'extrême-onction. Le prêtre qui la lui administrait fut frappé de l'enflure de ses pieds. Ils étaient effrayants à voir et la tourmentaient cruellement. Ainsi pour elle comme autrefois pour le divin Maître, de la tête aux pieds ce n'était que douleurs.

Elle avait encore un désir. Devenue par ses premiers

engagements simple *aspirante* de la Société du Sacré-Cœur, elle désirait s'y lier plus intimement par les vœux de professe. Dans les circonstances ordinaires elle aurait dû attendre ce bonheur plusieurs années, mais la mort présente valait dispense et le cas était prévu. Le 1er août, en présence de toute la communauté réunie, avant de recevoir le Bien-Aimé de son cœur, Marie fit d'humbles réparations pour les fautes qu'elle avait pu commettre et la mauvaise édification qu'elle craignait d'avoir donnée; puis elle prononça d'une voix si ferme la formule des derniers vœux que nombre de religieuses, agenouillées dans le corridor attenant à sa chambre, n'en perdirent pas un mot et en demeurèrent vivement impressionnées. Tout le jour la nouvelle professe jouit d'un bonheur indicible, baisant à chaque instant la croix d'argent, insigne de son engagement suprême. Sur le soir, le chœur des chanteuses vint lui répéter le cantique de la profession. Marie ne se lassait pas de l'entendre, et la nuit suivante, elle s'efforçait elle-même de chanter. Une de ses sœurs lui dit toute émue : « Je prierai bien pour vous. — Oui, vous gagnerez beaucoup d'indulgences. — Assurément, pour que vous alliez vite au ciel. — J'y compte bien, » reprit Marie simplement.

Or ce jour-là c'était la fête de sa mère. Étrange fête selon le monde! Pour la mourante, la pensée des douleurs qu'elle devinait sans les voir mêlait seule une inquiétude à tant de joie. Ses parents étant venus au parloir, elle les envoyait supplier de ne pas avoir de peine, de ne pas pleurer : « Ma pauvre Maman! disait-elle à une religieuse qu'elle faisait sa messagère, dites lui bien que je suis heureuse ». Elle donnait la même commission à un Jésuite son parent, le P. Théodore de Régnon, qui la vit ce jour-là. Lui-même avait chargé de lui dire que les siens oubliaient leur peine pour ne songer qu'à son bonheur. « Eh bien ! rien ne me préoccupe désormais, » reprit-elle. « Elle était radieuse, raconte le même visiteur, le visage illuminé par l'allégresse de l'âme, causant de son départ pour le ciel comme d'un voyage ou même d'une promenade, toute à Dieu et toute à ses parents, simple et même gaie jusqu'à se permettre en souriant de petites malignités de fille aimante. »

Au reste s'ils ne pouvaient la voir, son père et sa mère lui avaient écrit pour s'unir plus étroitement aux grandes actions de ce jour et de la veille. Comme elle rassurait sa mère, sa mère aussi la rassurait, la conjurant de ne songer pas à la douleur naturelle des siens. « Notre bonheur est de te savoir en paix et dans un abandon entier sur le cœur de Jésus que tu as choisi pour ton époux. Nous n'aurions de peine que si la pensée de ton cher père et de ta chère maman ne venait faire ombre au bonheur de ton union avec ton Bien-Aimé. Non, ne t'afflige pas ; nous la comprenons, nous la ressentons avec toi. »

« Ma fille bien-aimée, disait son père, j'ai appris ce matin tout ce qui s'est passé entre le bon Dieu et toi depuis hier au soir. J'en éprouve une grande consolation et je partage ton bonheur. Quelle que soit sur toi la sainte volonté du bon Dieu, je l'accepte de ma pleine volonté à moi et avec amour. S'il plaît à Dieu de te rappeler, je le bénirai de ce qu'il te donne déjà la récompense du sacrifice que toi et nous avons fait en te donnant à Lui. Si au contraire Dieu te laisse encore sur la terre, nous le bénirons ensemble et nous tâcherons de le glorifier de notre mieux. Donc, ma chérie, avec une grande paix et un grand abandon, que la volonté de Dieu se fasse ! »

APRÈS tout cela, l'âme, semblait-il, n'avait plus qu'à s'envoler. Il n'en fut rien pourtant, et dès lors commença la période la moins explicable de cette longue maladie : suite d'alternatives étranges, défaillances dont chacune paraissait être la dernière, puis retours inattendus, le tout prolongeant l'anxiété sans jamais ramener une espérance. Notre-Seigneur parut se plaire à crucifier tout de nouveau la victime pour l'embellir davantage. Quant aux parents, on conçoit ce que pouvaient être ces stations douloureuses au seuil de la maison où leur fille agonisait invisible à quelques pas d'eux, et cette fluctuation cruelle dans une situation d'ailleurs sans issue, et cette continuelle tension de l'âme obligée de recommencer mille fois le sacrifice avant de pouvoir respirer en s'écriant : *Consummatum est.* On ne saura pas en ce monde combien pèsent de tels jours et de telles heures dans la balance de Dieu.

La mourante, elle paraît avoir éprouvé alors des impressions à demi contradictoires. Tantôt songeant au miracle promis par son oncle l'archevêque, elle se reprenait à la pensée de vivre, et se promettait de mettre à profit une expérience qui lui coûtait si cher. « Je serai bonne infirmière, disait-elle, mais il faudra beaucoup de temps pour que mes forces reviennent. » D'autres fois au contraire, elle souhaitait de mourir et disait : « Pourvu que les derniers sacrements n'aillent pas me guérir ! » La Mère générale qui lisait au fond de son cœur affirmait que ce lui eût été un sacrifice. Mais rien ne troublait sa sérénité ni son abandon absolu au bon plaisir divin.

D'ailleurs la destruction s'opérait graduellement et la victime y pouvait assister en pleine connaissance : « Mes pauvres cheveux, disait-elle un jour, comme je suis heureuse de les avoir donnés au bon Dieu lors de ma prise d'habit ! Mme la comtesse de Chambord trouvait avant mon entrée que ce serait dommage de les couper. Et maintenant, si elle me voyait presque chauve!... » Une autre fois, vers la fin, comme la peau de ses mains se détachait : « Voyez, dit-elle, je fais peau neuve : c'est vraiment bien la peine ! »

Dans la seconde moitié d'août, l'enflure monta rapidement et tandis que les pieds et les jambes étaient énormément tuméfiés, le reste de la personne se réduisait de plus en plus à rien. En même temps les douleurs étaient redevenues intenses. Quelquefois malgré les grâces de force prodiguées sensiblement à la mourante, elle sentait son énergie dépassée. « Renouvelons nos vœux, lui disait alors sa gardienne. » « Oui, ma sœur. Comme vous avez de bonnes pensées ! » Et Marie récitait sa formule, étendant en croix ses pauvres bras amaigris.

De pieuses visites la soutenaient toujours. Le P. de
Régnon la revit, non plus telle que le jour de sa profession, mais immobile et presque muette. Du moins avait-
elle plaisir à entendre, souriant de joie, quand on lui
parlait de Notre-Seigneur et de sa famille. Le R. P. Bazin vint aussi la bénir une dernière fois, et il raconte ainsi
l'entrevue. « Je retrouvai Marie patiente et soumise
parmi de cruelles douleurs. Une paix céleste apparaissait dans son regard presque éteint... Comme je lui de-
mandais si elle avait offert à Notre-Seigneur les souffrances de la nuit précédente. « Oui, oui, répondit-elle
en me montrant l'anneau qu'elle portait au doigt depuis
sa profession ; vous savez bien, mon Père, que je suis
toute à Lui. »

Le 25 août était l'anniversaire de sa naissance. Elle
allait avoir vingt-trois ans. La veille, son père lui fit savoir comment il entendait célébrer pareille date. « Nous
avons formé le projet, tes deux frères et moi, de retourner demain soir à Montmartre... Nous allons faire là aux
pieds du Saint-Sacrement la veillée de la fête de saint
Louis. Nous penserons, ma chérie, qu'il y a vingt-trois
ans, à pareille nuit, tu venais au monde ; nous remer-
cierons le bon Dieu de toutes les grâces qu'il t'a faites et
de toutes celles qu'il te fait encore. Nous sommes toujours bien unis à toi, comme tu le penses, mais unis dans
le même calme et le même abandon que toi-même. Je me
figure que ton divin Époux te verra près de nous dans
cette union pendant que nous serons à ses pieds. »

Le 25 au matin, sa mère lui écrivait à son tour : « Que
le Sacré Cœur de Jésus, notre amour, te comble de ses
tendresses divines ! Tu l'aimes et Il t'aime, ma chère

enfant, et il y a vingt-trois ans que dure ce miracle d'amour et de miséricorde, il durera toujours. »

La réponse fut le dernier billet dicté par Marie. C'est alors qu'elle signa comme nous l'avons dit plus haut : « Votre heureux petit Job. »

DIEU s'apprêtait du reste à couronner sa longue patience. Dans les derniers jours du mois l'affaiblissement fut rapide ; la Mère générale était absente et Marie craignait de ne point la revoir. Mme Lehon fut pourtant de retour le 31 et put bénir sa fille mourante ; mais il était temps et l'heure venait des adieux.

Marie eut aussi la consolation de revoir la Mère maîtresse des novices. Quand à ses parents qui ne pouvaient l'approcher, ils lui envoyèrent du moins par écrit leurs dernières bénédictions et leurs messages pour le ciel. Son plus jeune frère lui recommandait de parler de lui aux Pères martyrs qui l'avaient guéri huit ans plus tôt. Son frère le Jésuite lui montrait les derniers morts de son sang prêts à l'accueillir, et la sainte aïeule, et l'archevêque et aussi les quatre petits innocents, ses frères, qu'elle allait retrouver pour les quatre frères ou sœur qu'elle laissait ici-bas. « C'est, disait sa mère, la famille qui se reconstitue au ciel... L'amour de Dieu qui nous sépare en ce monde nous réunira bientôt, ma chère enfant. Je te rends de tout mon cœur au divin Maître qui t'avait donnée à notre tendresse. »

Marie lut lentement ces dernières lettres et prit dès lors une expression particulièrement grave qui ne la quitta plus. Sa lecture faite, elle arrangea tout autour d'elle comme si elle attendait une visite... Sans doute elle comprenait à cette heure l'imminence du dénouement et elle l'acceptait, mais ses paroles étaient à peine intelligibles.

Déjà le P. Théodore de Régnon lui avait porté la bénédiction papale obtenue pour elle par son père et la mourante s'était un instant ranimée dans la joie de cette faveur.

Une sorte d'agonie intermittente commença dès le vendredi premier septembre. Ce jour-là, comme elle allait communier en viatique, le Saint-Sacrement étant déjà dans sa chambre, il fallut le remporter : la mourante avait soudainement défailli. Tout le jour ce furent des assoupissements mêlés de réveils.

Le lendemain, samedi, il y avait grande fête à la Maison-Mère. Dix-huit religieuses prononçaient leurs derniers vœux. Dans la journée, Marie s'unit encore à la rénovation que l'on en fit devant elle, et, pressant d'une manière expressive sa croix de professe, elle articula distinctement ces mots : « Je la tiens pour toujours. »

Cependant sa mère désolée d'apprendre qu'elle n'avait pu communier la veille, s'adressait en toute confiance à Mgr de la Bouillerie, ce grand dévot de l'autel. Sa prière ne fut pas vaine. A quatre heures et demie, il sembla que la mourante pourrait recevoir la visite suprème de l'Époux. Marie se prêta avec bonheur à tous les essais qui furent faits pour constater que la communion ne serait pas impossible. Les parents, agenouillés bien près de là dans la chapelle, virent le cortège qui venait aux flambeaux chercher le Saint-Sacrement. Cette fois, Marie put le recevoir. Muette, elle suivait d'un regard fixe et ardent toutes les paroles qui lui étaient suggérées. Notre-Seigneur entra dans son âme, lui apportant la force du dernier combat. Mgr de la Bouillerie n'avait point fait de miracle, mais il avait obtenu pour sa nièce une faveur qu'elle eut préférée comme lui-même à tous les miracles de guérison.

Le deux septembre encore, sa mère lui fit parvenir un crucifix d'argent venant de Rome et que Marie elle-même avait déposé tour à tour sur les berceaux de ses quatre petits frères morts. Elle était alors assoupie. On le lui mit dans la main. Elle le reconnut au réveil, le baisa et ne s'en sépara plus. En échange elle fit porter à sa mère une image du Sacré-Cœur, où elle put encore tracer en tremblant son nom. Ce fut la dernière fois.

Est-ce ce jour-là même, est-ce un peu plus tôt qu'elle envoyait à son plus jeune frère un scapulaire commencé pour lui depuis longtemps et que la mort ne lui permettait pas de finir ? Ainsi jusque dans l'abattement suprême, sa délicatesse attentive se retrouvait encore.

La journée du dimanche fut silencieuse et relativement calme. La dernière lueur de connaissance disparut, pense-t-on, ce soir-là.

Le lendemain lundi, 4 septembre, à huit heures et demie du matin, la fin semblait imminente. On récita les prières de la recommandation de l'âme et un prêtre vint s'y unir. A son entrée, Marie était haletante ; mais dès que la main sacerdotale se fut levée pour l'absoudre et la bénir une dernière fois, le râle cessa; quelques gémissements soulevèrent encore la poitrine et tout fut fini. Il était neuf heures. A ce moment-là même, sa mère qui n'était pas encore venue au boulevard des Invalides récitait pour elle les litanies de saint Joseph patron de la bonne mort.

Les desseins de la Providence étaient accomplis et manifestes. Cette jeune fille avait dû être ici-bas une victime et le sacrifice était enfin consommé.

Il l'était au bénéfice de tous, de ces frères inconnus pour qui la mourante avait prié quelquefois en entendant leurs voix monter du dehors jusqu'à elle, peut-être de telle ou telle âme ignorée de Marie même et qui ne le saura qu'au Ciel. Il devait profiter sans doute à tout ce qu'avait aimé la victime, à ses deux familles, à la France, à l'Église. Tant de douleurs supportées par elle et autour d'elle allaient s'unir aux mérites de Jésus-Christ et faire à l'apostasie contemporaine un contrepoids apprécié de Dieu seul.

Q UELQUES heures après la mort, Marie, dans son costume religieux, était exposée à l'entrée de la chapelle sous l'image de *Mater Admirabilis*. Son lit était jonché de fleurs, sa tête couronnée de roses blanches et on avait mis un lis entre ses mains.

C'est là que ses parents la revirent. Avant de la baiser au front, sa mère voulut y être autorisée par la Supérieure générale. Il convenait que, même après le sacrifice accompli, la nature s'inclinât une dernière fois devant le droit supérieur de la grâce.

Le mercredi, 6 septembre, les funérailles eurent lieu à Paris d'abord, puis à Conflans. La novice, devenue en quelques mois aspirante et professe, rentra dans la maison de son enfance religieuse au milieu d'une pompe simple mais frappante. Des témoins graves ont conté avec émotion le solennel accueil de ses mères et de ses sœurs. Quand la porte de la cour du couvent s'ouvrit devant le cercueil ; quand ils virent des centaines de religieuses et de novices s'avancer, le cierge en main pour la recevoir, ils estimèrent que Marie avait dans ce court instant son apostolat en même temps que son triomphe. Il leur sembla que, revenant victorieuse parmi les compagnes de ses premiers combats, elle leur prêchait efficacement le courage, alors que dès ici-bas elle recevait visiblement le prix du sien.

C'était en effet par une faveur spéciale qu'elle allait reposer à Conflans. Mme Lehon avait cru pouvoir accorder à l'humble et simple victime une place d'honneur dans une des cryptes de la chapelle, entre le fondateur même de la Société, le P. Varin, et Mme Joséphine Goetz, deuxième Supérieure générale. Faveur, disons-nous, mais ne pouvait-on la faire à celle qui avait été nommé non sans quelque titre le saint Stanislas du noviciat?

Pendant les funérailles, une des novices jeta dans la tombe ouverte la demande écrite d'une grâce, et elle déclare l'avoir obtenue le jour même. Nous savons que, depuis lors, plus d'une âme a recouru simplement et non sans fruit à l'intercession de Marie. Après les pages qu'on vient de lire, y a-t-il lieu de s'en étonner?

POUR les clore, il nous serait facile de grouper d'illustres hommages rendus alors à la morte et aux siens. On entendrait des catholiques éminents, laïques, prêtres, religieux, évêques, princes même, témoigner de l'impression ressentie dans leurs rencontres plus ou moins fréquentes avec Marie, et surtout du respect douloureux que leur inspiraient ses longues épreuves. Mais à quoi bon? Pourquoi l'entourer en finissant d'une sorte d'éclat humain contre lequel eussent protesté toutes ses préférences? Non, que Dieu seul la glorifie, comme c'est Dieu seul que nous avons prétendu glorifier en elle. Que son souvenir demeure, dans la simplicité des témoignages que nous n'avons fait que recueillir. Qu'il soit lui-même et pour sa part modeste, un témoignage au fait de la perfection chrétienne poursuivie aujourd'hui comme autrefois dans la religion et jusque dans le monde, au fait du surnaturel s'affirmant de nos jours aussi bien qu'à tous les âges de l'Église. Le surnaturel!

On le nie comme un rêve, on le dit au moins disparu de nos préoccupations et de nos mœurs. Eh bien ! il existe, il s'impose, le voilà.

APPENDICE

E N attendant l'inscription définitive, une novice avait
dessiné au fusain sur la tombe de Marie le mono-
gramme de la Société du Sacré-Cœur et plus bas ces
simples mots :

MARIA

PAX TECUM !

Une personne amie de la famille les paraphrasa ainsi :

Toi qui ne laisses rien à la fange grossière
Qui souille les chemins de l'homme né mortel,
Dors le dernier sommeil, virginale poussière,
A ta place d'honneur, à l'ombre de l'autel.
Tu ne quitteras plus la chapelle chérie
Où le Fiancé-Dieu reçut ta jeune foi.
Dors, beau lis, à la place où t'a vu la prairie.
Marie,
La paix soit avec toi !

Quand cet autel paré pour d'autres fiançailles,
Réveille les échos de ton premier serment,
Tu revis sous la pierre, ô cendre, et tu tressailles,
Jalouse de t'unir à ton céleste Amant.
Fleur de chaste beauté, pour un moment flétrie,
Vienne le jour suprême à d'autres plein d'effroi
Et tu te lèveras vivante, refleurie !
                    Marie,
          La paix soit avec toi !

Et que dis-je ? Es-tu là, captive de la tombe ?
Non, l'épouse à l'Époux déjà se réunit.
Dans les jardins du ciel l'immortelle colombe
Entre deux Cœurs sacrés a trouvé son doux nid.
Enfant qu'un long martyre avant l'âge a mûrie,
Quel transport, quelle ivresse, à l'heure où ton grand Roi,
Où Jésus te disait au seuil de la patrie :
                    « Marie,
          La paix soit avec toi ! »

Triomphe !... Mais aux tiens que l'absence est amère !
Mais tu leur a laissé d'incurables douleurs ;
Mais le glaive est resté dans le cœur de ta mère ;
Mais quel ange viendra pour essuyer ses pleurs ?
Plane, oh ! plane sur elle, invisible, attendrie ;
De la mort qui sépare adoucis l'âpre loi ;
Viens, et qu'au deuil qui pleure et qu'à la foi qui prie,
                    Marie,
          La paix vienne avec toi !

TABLE

Préambule 5

Premières années. 7

II

La vocation. 61

III

Le noviciat. 97

IV

Maladie et mort. 131

Appendice. 181

IMPRIMÉ

CHEZ J. MERSCH

A

PARIS

www.ingramcontent.com/pod-product-compliance
Ingram Content Group UK Ltd.
Pitfield, Milton Keynes, MK11 3LW, UK
UKHW021637170726
13836UKWH00005B/2240